HARRI PARRI

O'r Un Brethyn

Wyth portread

bwthyn
GWASG Y BWTHYN

Cyhoeddwyd yn 2013 gan Wasg y Bwthyn,
Lôn Ddewi, Caernarfon LL55 1ER.

ISBN 978-1-907424-49-6

Dyluniad mewnol gan Dylan Williams

Cyhoeddwyd gyda chymorth ariannol Cyngor Llyfrau Cymru.
Argraffwyd a rhwymwyd yng Nghymru gan
Wasg Gomer, Llandysul, Ceredigion SA44 4JL

CYNNWYS

Rhagair

DWDLAN RO'N I, fel y bydd dyn o dan y clwy sgwennu, a'r sgriblan hwnnw yn nes ymlaen yn tyfu'n bortread – un o'r wyth sydd yn y gyfrol. Yna, fe ddaeth eraill i ofyn am le yn y llyfr. I raddau mawr, nhw a'm dewisodd i. Ni fu gofyn imi gymaint â llunio rhestr fer na galw pwyllgor. O'r herwydd, does i'r dewisiadau na llun na chynllun, dim tegwch o ran oedran, rhyw, hil na chefndir. O fod wedi meddwl yn ddyfnach, gallwn fod wedi disgyn ar wyth lliwgar arall a chynnig dewis mwy cyfartal – un o bob traddodiad crefyddol, dyweder. Neu eu hanner yn wŷr a'r hanner arall yn wragedd, a'r oedran, wedyn, yn ymestyn dros dair neu bedair cenhedlaeth. Ond y gwynt hwnnw sy'n chwythu lle y myn a ddaeth heibio i mi.

A thyfu o fân hadau fu hi. Ar dro, golygodd loffa drwy hen bapurau newydd neu chwilio'r we, cynnal cyfweliadau, ailwrando rhaglenni radio ac ailwylio rhaglenni teledu – rhai'n mynd yn ôl ddeugain mlynedd. Unwaith neu ddwy, ymestynnwyd gair o deyrnged neu ailbobi ysgrif fer a gyhoeddwyd mewn cylchgrawn neu bapur wythnosol.

Cefais gwmni rhai o'r wyth wrth ffilmio cyfres deledu am bobl a adawodd eu marc ar fy mywyd i. I mi, bu'r chwilota a'r chwedleua, y dwyn i gof a thorri ambell flwch ennaint, yn fodd i fyw.

Ond fy adnabyddiaeth i o'r wyth – dros dymor byr neu flynyddoedd meithion – oedd y deunydd crai. I mi, mae pob un o'r wyth fel pe bai'n fwy na bywyd ond yn mynegi hynny, neu wedi mynegi hynny, mewn ffyrdd gwahanol i'w gilydd – gwrthgyferbyniol ryfeddol ar dro. Mewn termau bob dydd, i mi maen nhw i gyd yn bobl â phetrol gwahanol yn y tanc. Ond eu tebygrwydd nhw a barodd imi eu gosod gyda'i gilydd yn yr un gyfrol. I mi, mae'r wyth yma yn gwisgo'r un brethyn – gyda digon o ddewrder i arddel eu Cristnogaeth ar gyfnod anffasiynol – ond bod patrwm a thoriad y brethyn hwnnw'n ddiddorol o wahanol.

Harri Parri
Caernarfon 2013

Cydnabod

FEL BOB AMSER, fyddai'r gyfrol hon eto ddim wedi gweld golau dydd oni bai am gymwynasgarwch nifer o unigolion a sefydliadau, a hoffwn gydnabod hynny. Pan oeddwn i'n ymhél â'r syniad o ysgrifennu casgliad o bortreadau – a minnau ar y pryd yn gweithio ar gyfrol arall – yr awdures Sian Northey a yrrodd y cwch i'r dŵr a'm cymell i fynd ati. Yn fwy na dim, gwerthfawrogais barodrwydd y rhai a bortreadir – a theuluoedd y rhai sydd wedi ein gadael – i mi roi peth o stori eu bywydau ar bapur. Diolch hefyd am eu parodrwydd i dyrchu allan hen luniau a thynnu rhai newydd. Yn ystod cyfnod yr ysgrifennu a'r paratoi at gyhoeddi bu'r Golygydd Creadigol, Marred Glynn Jones, yn fwy na pharod ei chymorth a'i harweiniad i mi. Gwerthfawrogais yn fawr gefnogaeth y Cyngor Llyfrau yn olygyddol ac yn ymarferol; bu cael arbenigedd Dylan Williams fel dylunydd i'r gyfrol yn gymwynas ychwanegol. Ar lefel leol, fel sawl tro o'r blaen, diolch yn fawr i W. Gwyn Lewis am loywi'r iaith ac i Arwel Jones am ddarllen y broflen. Unwaith eto bu Gwasg y Bwthyn yn fwy na pharod i gyhoeddi'r gyfrol.

Gwnaed pob ymdrech i ddarganfod hawlfraint y lluniau ac i sicrhau caniatâd i'w ddefnyddio.

Ym meddiant y rhai a bortreadir yn y gyfrol neu eu teuluoedd: 1–12, 14–19, 22–37, 40–57, 61, 63–64, 66–68, 70–73, 76, 78–86, 88, 90, 92, 94–95, 97, 99, 101–106, 107–118, 120–135, 140, 142, 145–152, 157–158

Cwmni Da, lluniau Huw Walters: tudalen 7 a rhifau 20, 38, 39, 43, 65, 91, 93, 96, 100

Cwmni Da, lluniau Gwennan Mair: 153–156

Geoff Charles, ym meddiant y teulu: 13

Hywel Evans, Dinbych, yn arbennig ar gyfer Y Wawr, 21

Gwasg Tŷ ar y Graig, Ffarwel i'r Brenin, Idwal Wynne Jones, 1972: 76, 79, 87

Keith O'Brien, Trawsfynydd: 58, 59, 60, 62

Nerys Owen, Y Felinheli: 119

Hefin Parri-Roberts, Efailwen: 86

Nan Parri, Caernarfon: 69, 79, 87, 89, 98, 136, 137–139, 141, 143–44

Elisabeth Roberts, Penrhyndeudraeth: 74–75, 77

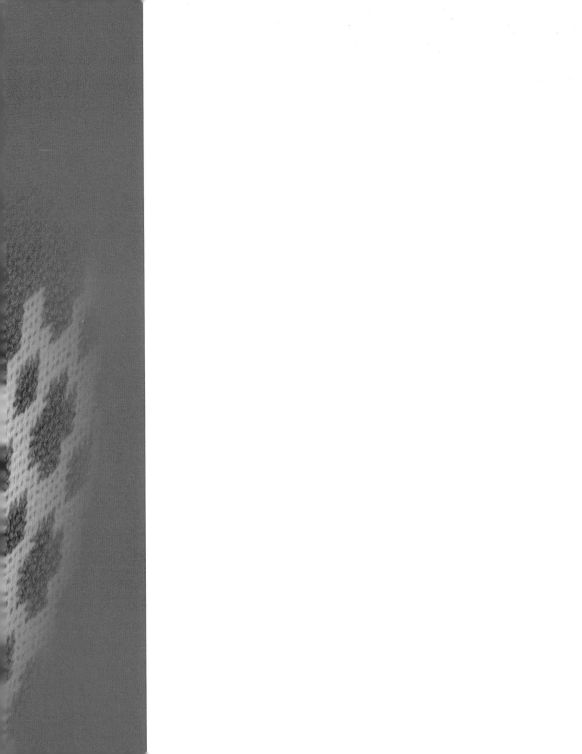

Robin

Y<small>N FY ARDDEGAU</small>, ac yn ymhél â'r syniad o 'fynd yn bregethwr'– a dyna'r term a ddefnyddid bryd hynny – roedd anghydffurfiaeth Robin Williams, gweinidog ifanc Dinmael a Glanrafon ar gyrion Corwen, yn destun edmygedd i mi. Yn nüwch a llwydni'r pumdegau roedd y Parch. R. O. G. Williams – fel y cofnodid ei enw yn nogfennau'r enwad – yn gwisgo'n wahanol: sanau siriol, tei llawen ac weithiau, yn nyddiau coleg, âi i'r pulpud mewn sandalau. Yn ôl a glywais, bu pwyllgor unwaith yn ystyried gweddustra'r esgyn i bulpud mewn sandalau, serch mai sandalau, mae'n debyg, a wisgai'r Iesu y soniai Robin amdano! Pan oeddwn i'n fyfyriwr, mae gen i gof am ei dad, tra diwylliedig, yn dweud dros de un pnawn Sul fod 'Robin ni wedi cael siwt lliw petrol'. Mi fûm i am ddyddiau wedyn yn ceisio dychmygu sut liw a fyddai ar frethyn o'r fath. Gallai, fe allai Robin ganu gyda Frank Sinatra – a chydgordio, gan gymaint ei ddawn gerddorol – 'I did it my way'. Oherwydd hyn i gyd, roedd hi'n hynod gydnaws mai'r *Independent* a gyhoeddodd deyrnged iddo'n union wedi'i farwolaeth.

O gofio'i gyfoeth doniau, a'r hyn a gyfrannodd yn ddiw-eddarach, mae'n syndod meddwl mai ar yr ail gynnig y cafodd ei dderbyn yn ymgeisydd am y weinidogaeth gyda'r

1. Gweinidog y goler agored yn fwy na'r goler gron fu Robin erioed.

2. Ann Griffith, gynt, o ben eithaf Llŷn, a Robin, ei phedwerydd plentyn.

Hen Gorff. Y drefn bryd hynny, yn y Gogledd, oedd teithio i Gaer ben bore i gael archwiliad meddygol – yn llythrennol, roedd yn rhaid bod yn abl i basio dŵr cyn pasio dim arall – ac ymddangos gerbron y Bwrdd Ymgeiswyr yn union wedi cinio. Gofynnodd Llywydd y Bwrdd ar y pryd i Robin 'adrodd pennill' oddi ar ei gof – fel y gofynnwyd i minnau flynyddoedd yn ddiweddarach. Yn hogyn ifanc diwylliedig mentrodd ar soned grefftus Williams Parry i Bantycelyn ond fe'i hataliwyd yn y fan, a'i orchymyn i adrodd 'Iesu, Iesu rwyt ti'n ddigon'. Penderfyniad y Bwrdd – gweinidogion yn bennaf – oedd gohirio'i ymgeisiaeth am hanner blwyddyn am ei fod 'yn anaeddfed'. 'Pa fodd y cwympodd y cedyrn!' Yn un o'i gyfrolau, *O Gwr y Lôn Goed*, cyfeiriodd at y digwyddiad: 'Ar fwrdd y Doctor Stuart Graham, roeddwn i'n gorfforol solet; ar fwrdd yr Ymgeiswyr, roeddwn i'n ysbrydol fregus'. Serch iddo, hanner canrif yn ddiweddarach, ysgrifennu am y profiad gyda chryn ddigrifwch mae'n fwy na thebyg iddo gael ei glwyfo ar y pryd ac i'r graith aros.

Doedd yna ddim perthynas gwaed rhwng ein teuluoedd ni. Ond roedd tad Robin, Jerri Tai'refail – Jeremïah Williams a rhoi iddo'i enw Sul – a 'nhad a'i frawd yn bennaf ffrindiau. Y ddau deulu'n byw yn yr un gymdogaeth ar un cyfnod. Yn nyddiau darlledu'r *Noson Lawen* o Neuadd y Penrhyn a Thriawd y Coleg yn ei morio hi hefo 'Pictiwrs Bach y Borth' neu 'Wili Tseinî' mi fyddai 'nhad bownd o gyhoeddi, gyda balchder, mai 'hogyn Jerri ydi'r Robin

3. Er yn gyfforddus o flaen camera teledu a chynulleidfa, un cyndyn fu Robin erioed i gael tynnu ei lun â chamera cyffredin!

'na'. A hyd yn oed wedi i Jerri a'i deulu fudo o Ben Llŷn i Eifionydd ddaru'r newid ardal oeri dim ar y cyfeillgarwch.

Yr un math o ddiwylliant am wn i, yn tarddu o'u magwraeth yn Llŷn, oedd y llinyn arian a'u clymai: yr un cariad at iaith, yr un math o werthoedd, yr un ddawn i adrodd stori ac yn fwy na dim, hwyrach, archwaeth at yr un math o hiwmor. Er mai dyflwydd oedd Robin yn mudo teimlwn fod y diwylliant hwnnw wedi colli'i liw arno yntau ac mai dyna, flynyddoedd yn ddiweddarach, a'n tynnai ni'n dau at ein gilydd. Un ddolen gydiol arall a oroesodd o ddyddiau Penycaerau oedd bod y ddau deulu yn gwybod 'iaith y brain' a bod gan hyd yn oed Robin a minnau grap ar y llythrennau.

Eto, o ran llefaru, hwyrach nad oedd y mydr a berthyn i dafodiaith pen draw Llŷn, tafodiaith ei rieni, ddim yn eiddo iddo; y goslefu i fyny ac i lawr fesul sill a llyncu'r sill

4. Robin, Jack, Wil, Lora a Madge ger un o ffensys Plas Gwynfryn, Llanystumdwy. A Jes y ci, wrth gwrs. Magwraeth freintiedig ar sawl cyfrif.

olaf. Wedi'r cwbl, yn Eifionydd y magwyd Robin. Ond mae ei ryddiaith yn frith o droeon ymadrodd ac idiomau sy'n arbennig i Ben Llŷn. Mae gen i gof imi flynyddoedd yn ôl, wrth ddarllen ei gyfrol *Tynnu Llwch*, wirioni ar y cameo a ganlyn – serch tristwch y sefylla.

Rai blynyddoedd yn ôl, wrth ymweld mewn ward yn un o ysbytai Bangor, dyma gyrraedd at wely gŵr mewn dipyn o oed, gŵr dieithr i mi . . . Nid y geiriau tafodiaith yn unig oedd yn ddadlennol, ond miwsig a mydr ei siarad; y nodau di-feth hynny a glywir yn llais pobl gwlad Llŷn, yn enwedig ar y penrhyn pellaf.

'Brenin maith!' meddai toc. 'Hogyn Ann a Jerri wyt ti? Mi fuo dy dad ar y môr, on'do? (Ac aeth ati i esbonio ei fod yntau wedi bod yn gapten llong ar un adeg.)

'Dul annwl!' meddai wedyn. 'Mae Jerri . . . dy dad, wedi'i gladdu, on'd ydi?'

'Ydi, cofiwch,' meddwn innau . . .

'Sut mae dy fam, dywad?'. . .

Buasai'n dda gennyf beidio â'i ateb o gwbl. Ond yn hwyr neu'n hwyrach, dweud y gwir wrtho fyddai raid.

'Mae Mam wedi'i chladdu hefyd, captan. Ers tri mis bellach.'

'Ydi Ann wedi mynd hefyd?' meddai'n ddistaw dan redeg llaw esgyrnog drwy'r gwlith ar ei dalcen cyn estyn am lymaid o ddŵr o'r gwydryn ger y gwely.

Tynnodd ei olwg oddi ar yr offer meddygol, ac edrych i wagle yn fwy na dim arall, a sibrwd yn fyfyrgar,

5. Llun digon prin o Driawd y Coleg sy'n cynnwys Islwyn Ffowc Elis, nid Merêd.

'Neno'r tad annwl! Mae Jerri wedi mynd. Ac Ann wedi mynd. Wel . . . waeth iti ddeud fod *pawb* wedi mynd, am wn i.'

Yna, fel dyn wedi cael gweledigaeth, ychwanegodd gyda'r pwyll rhyfeddaf,

'Duwch annwl, jest nad a' inna ar eu hola nhw hefyd . . . yn lle 'mod i yn fama'n poitsio.'

Roedd Robin yn 'enw' cyn iddo adael coleg, diolch i'r *Noson Lawen*. (Dyna pryd, mae'n debyg, y daeth 'Rogw' yn enw o anwyldeb arno a glynu wrtho am hanner oes.) Fe allai yntau ddweud am 'ddyddiau Bangor' fel ei ffrind

6. Robin, Cledwyn a Merêd – Triawd y Coleg – y tu allan i Fryn Meirion, Bangor.

mawr Islwyn Ffowc Elis: 'Ni bu, ac ni bydd eu tebyg . . . aeth gwanhwynau drwy Sili-wen ac ni chyfrifais eu myned.' Gwanwynau lawer yn hanes Robin! Chwarter canrif yn ddiweddarach roedd o'n ddigon gonest i gydnabod hynny wrth *Y Cymro*: 'Doedd yna ddim syndod ein bod ni'n pipio ecsams. Roeddan ni wrthi o hyd efo'r rhain [eitemau'r *Noson Lawen*] ac efo dramâu a phethau felly – a merched 'de! Wn i ddim lle roeddan ni'n cael amser i 'studio.' Eto, ar y pryd, fe roddodd o a gweddill criw'r *Noson Lawen* y Coleg ar y Bryn ar y map; yn fwy felly na sawl academydd. Pan fyddai'r 'weiarles' yn cael ei thanio ar nos Fawrth yn niwedd y pedwardegau, fe fyddai strydoedd trefi a phentrefi'n gwagio, cyfarfodydd yn cael eu gohirio a phlant yn cael aros ar eu traed i wrando'r difyrrwch.

7. Priodwyd Robin a Doris, Evans gynt, yng nghapel Ponterwyd, bum milltir o Eisteddfa-fach, cartref y briodasferch ar lethrau Pumlumon.

Bryd hynny, roedd ymgeiswyr am y weinidogaeth yn ddwsin am ddimai; llawer mwy o lygod, wir, nag oedd yna o dyllau. Byddai amryw yn gorfod aros blwyddyn neu ddwy i gael y cyfle i fod yn weinidogion. Ar sail ei enwogrwydd a'i amrywiol ddoniau go brin y byddai hynny wedi bod yn wir am Robin. Ond eglwysi bychan cefn gwlad, Dinmael a Glanrafon, yn Edeyrnion, a lwyddodd i'w ddenu a'i gadw o yno am ddeng mlynedd.

Serch mai mewn capel ym Mhonterwyd yn Sir Aberteifi y bu'r briodas, a hynny ychydig wythnosau wedi iddo gyrraedd Edeyrnion, manylwyd amdani yn *Y Cyfnod* – un o bapurau'r Bala – yn union fel petai gohebydd arbennig wedi cael ei anfon bob cam i odre'r Pumlumon i gofnodi'r digwyddiad. Merch ffarm fynydd, Eisteddfa-fach, rhwng Ponterwyd a Llangurig oedd Doris a'r ddau, hyd y gwn i, wedi ymserchu yn ei gilydd yn y dyddiau pan oedd Robin yn fyfyriwr yn Aberystwyth. 'Priodas Gweinidog' oedd pennawd y papur fel petai'r briodferch ifanc yn absennol ar yr achlysur. Nodwyd – yn unochrog braidd – mai Wil a Laura, brawd a chwaer Robin oedd y gwas a'r forwyn, y 'cynrychiolid y B.B.C. gan Mr Meredydd Evans' ac i'r pâr ifanc 'dreulio eu melrawd yn Iwerddon'.

Fis yn ddiweddarach, 'Dechrau'n Gryf' oedd y pennawd yn yr un papur lleol. Er i'r gohebydd gael ei enw yn anghywir, 'Parch R. M. Williams', gan ei ddisgrifio fel 'dyn ifanc wedi dysgu sefyll ar ei sodlau ei hun'. Yn wir, yn ei esgidiau'i hun yr âi Robin i bob man, sandalau ar dywydd braf, ac yn ei ddillad ei hun o ran hynny.

'Ga'i ofyn cwestiwn ichi,' meddai gŵr o Ddinmael yn fuan wedi i minnau ymsefydlu yn y fro.

'Cewch,' meddwn innau. 'Ond peth arall ydi fedra i ei ateb o', gan dybio mai un diwinyddol neu athrawiaethol a fyddai'r cwestiwn hwnnw.

'Wel, pam na wisgith ein Bugel ni 'fath â'r gweddill ohonoch chi?'

Y dirgelwch i rai, o gofio confensiynau'r cyfnod, oedd bod Robin ar dro'n gwisgo crys du a thei gwyn, tra oedd gweinidogion cyffredin, llai eu doniau, yn gwisgo crys gwyn a thei du. Ond y gwir oedd, yn ystod ei flynyddoedd rhyfeddol lwyddiannus yn Edeyrnion, a minnau am y terfyn â fo, bron na ddywedwn i fod meillion yn tyfu yn ôl ei droed; blynyddoedd a'r briodas yn ifanc a Catrin a Dylan, y soniodd gymaint amdanynt, yn gannwyll llygaid

i'r ddau. Mewn cyfweliad gyda Gwilym Owen ar gyfer HTV yn 1973, ac yntau ar newid cyfeiriad, hiraethai am y 'blynyddoedd godidog hefo'r ifanc yn Ninmael a Glanrafon'.

Yno, hyd y gwela i, y dechreuodd o lenydda. Fel sawl llenor a bardd, yng ngholofnau'r papurau lleol yr ymddangosai ei waith ar y dechrau. Ond cadw arfer da yn fyw, hwyrach, oedd hynny yn fwy na llenydda bwriadol. Roedd hi'n draddodiad yn Edeyrnion ar y pryd, fel mewn sawl bro arall, i air o goffâd ymddangos yn y papur wythnosol i gyd-fynd â'r adroddiad am yr angladd. Ac ar y gweinidog, neu'r ysgolfeistr dyweder, y disgynnai'r cyfrifoldeb hwnnw gan amlaf. Yn amlach na pheidio ysgrifennu o ddyletswydd a fyddai'n digwydd, a'r coffâd yn gatalog o ffeithiau'n fwy

8. Drama yng Nglan-yr-afon, a'r gweinidog ifanc ar ei ffordd i'r rheinws. Ymddengys mai Bob Lloyd, Llwyd o'r Bryn, yw'r barnwr. Blynyddoedd dedwydd.

9. Jeri, y crefftwr cysáct a thad Robin, yn ei ddillad gwaith ar y cowt y tu allan i 'Joiner's House' – Blaen-y-wawr – Plas y Gwynfryn.

na darlun o'r person. Pan ddechreuodd Robin lenwi'r bwlch caed portreadu cofiadwy, a oedd yn llenyddiaeth dda'n ogystal, ac aeth sôn amdanyn nhw ar led a disgwyl mawr am gael eu darllen.

Wedi gadael yr ardal, ni ddychwelodd i angladd un o flaenoriaid Dinmael, J. E. Jones, Cysulog – ffarmwr a chyn-fancer. Roedd 'J.E.' yn un y deuthum i'w adnabod yn weddol dda. Wedi'r angladd cyhoeddwyd teyrnged Robin iddo yn *Y Seren* – un arall o bapurau'r Bala – a'r marw yn fyw i bobl unwaith eto:

John Evan Jones a'i wallt gwyn a'i lygad direidus a'i wyneb yn ymstumio gan ymdrech i gyfleu; a'r snwffian hwnnw – yr arferiad diarwybod iddo'i hun a ddôi'n ysbeidiol fel rhan annatod o'r sgwrs; yna y tynnu coes anochel, y chwerthiniad teilchion cyn difrifoli drachefn i'w bwnc. Sawl gwaith y trawodd ar gwmni ar fin y ffordd mewn ymgom, a heb i neb sylwi byddai wedi gwthio'r cwch i'r dŵr, a gorau oll os peryglid troi'r cwch a'i gynnwys, a J. E. wedyn yn gadael y fintai drafferthus, heb na rhwyf na bywydfad, i ffeindio glan, a cherddai i ffwrdd ag awgrym cynnil o gloffni clun yn ei gam . . .

Deuai i'w gornel yn y sêt fawr â blodyn yn llaped ei got; unai yn y canu mewn ebychiadau achlysurol, math o denor amrywiol ei nerth; gwrandawai'n egnïol ar bregeth; siaradai'n bwrpasol a medrus yn y seiat ar ôl, a châi'r pregethwr sylwadaeth deg ar y neges a draethodd...

Am y rhai byw wedyn, gallai Robin ddynwared y rheini, a hynny i berffeithrwydd bron. Aeth sôn am hynny ar led hefyd. Doedd dim owns o watwaredd yn perthyn i'r dynwared hwnnw. Fe'i clywais yn dynwared bron bob un o flaenoriaid ei ofalaeth, y rheini ar dir y byw ac yn amlach na pheidio yn y cwmni.

Yn nyddiau Dinmael a Glanrafon y fo i mi, yn anad neb arall, oedd 'pregethwr pop' y cyfnod. Yn fyfyriwr, ac wedyn fel cymydog iddo, awn ar ei ôl fel prentis a oedd am wylio crefftwr wrth ei waith. Bryd hynny doedd y 'regetas pregethu' – a defnyddio term a arferid yn Llŷn am gyfarfodydd pregethu – ddim wedi llwyr golli'u poblogrwydd ac roedd y ddeuawd bregethu – hynny ydi dau bregethwr a dwy bregeth mewn un oedfa – yn dal mewn ffasiwn. Tua chanol y pumdegau mae gen i gof amdano'n pregethu, yn un o ddau, i rhwng wyth a naw cant o bobl mewn oedfa yng Nghaernarfon. Yn ôl y sôn, o gyrraedd fymryn yn ben-set cafodd beth trafferth i gael mynediad; y lle'n orlawn a'r stiwardiaid wrth y drysau, yn rhyfedd iawn, ddim yn ei nabod o. Ar lintel ffenest, ym mhen ucha'r galeri, y cafodd Nan a minnau le i eistedd. Fedrwn i ddim gweld y pregethwr o'r uchder penfeddw hwnnw, dim ond ei glywed o, ac eto rwy'n dal i gofio'r wefr o'i wrando. Fel Tom Nefyn, gallai Robin fanteisio ar ei ddawn a llithro i ganu. (Roedd yna, mae'n debyg, berthynas teulu.) Mi wnaeth hynny'r noson honno, ond erbyn hyn fedra i yn fy myw ddwyn i gof na'r emyn na'r dôn.

10. Dihangfa rhag gofalon a galwadau wrth ymdrochi yn afon Tarennig islaw Eisteddfa-fach. Ceisiai Robin sicrhau amser i 'chwarae' yn rheolaidd.

Bythefnos ynghynt, yn yr *Herald Cymraeg*, o dan 'Llanystumdwy', roedd y newyddion wedi ymddangos fod 'y Parch. R. O. G. Williams wedi'i ddewis i bregethu mewn Sasiwn yng Nghaernarfon' – a'i dad balch, dybiwn i, a fyddai wedi gollwng y gath honno o'i chwd. Yr wythnos ganlynol, yn yr un golofn, roedd y pennawd 'Marw Crefftwr' ac adroddiad am angladd Jeremïah Williams dridiau cyn y Sasiwn. Erbyn meddwl, hwyrach mai dyna'r rheswm pam roedd hi 'fymryn yn ben-set' arno yn cyrraedd yr oedfa.

Eneidiau gwahanol a apeliai at Robin yn fwy na rhai a gerddai ganol y ffordd. Un a ffitiodd y ffrâm honno fel wy mewn plisgyn oedd y maferig o Bontllyfni, Gwilym O. Roberts. Ysgrifennodd Robin deyrnged hael i'w arwr mewn cyfrol a gyhoeddwyd amdano yn 1975, *Amddifad Gri*. Bu 'Gwilym O.', fel y'i gelwid, yn ddarlithydd unwaith mewn seicoleg feddygol yn un o Brifysgolion America. Dychwelodd i Gymru â rhai o nodweddion y wlad bell i'w ganlyn: syniadau beiddgar, siwtiau llachar, teis llydan yn disgyn at ei ganol a'r twtsh lleiaf o acen Oregon ar ei Gymraeg. Wedi iddo ddychwelyd i'r hen wlad aeth ati i hel ei damaid drwy bregethu ar y Suliau, cynnal dosbarthiadau nos ar seicoleg ac ysgrifennu colofn wythnosol i'r *Cymro*. Ar awgrym Robin trefnwyd iddo ddarlithio'n fisol i Frawdoliaeth Gweinidogion

11. Noson o ddathlu yng nghapel Minffordd ger Penrhyndeudraeth yng nghwmni blaenor a chyfaill, Gwilym Pritchard.

12. Y gweinidog â'r 'debonair good looks' chwedl Meic Stephens yn ei goffa amdano. Ym mhulpud Gorffwysfa a gofynion 'gwasanaethu'r Deyrnas' yn trymhau.

Dyffryn Madog; Robin, erbyn hyn, yn weinidog ym Mhenrhyndeudraeth a minnau ym Mhorthmadog. Seicoleg, eto fyth, oedd y pwnc ond yn ystod y sesiynau hypnosis yr âi pethau ar chwâl.

'Pawb ohonon ni i drio ymlacio rŵan,' apeliai Gwilym, 'ac mi neith coci-loci (a fo'i hun oedd hwnnw) ofyn i'r Mwynder Maith ein meddiannu ni.' Beth bynnag neu bwy bynnag oedd hwnnw.

Gwendid Gwilym – ac un byr, crwn fel buddai oedd o – serch ei holl feistrolaeth ar seicoleg, oedd tindroi'n ddiddiwedd hefo gormod geiriau nes lladd pob awydd i ymlacio. 'Pwyso'n llwyr 'te lads? Ym . . . tasa Ifan, hwyrach [a chydweithiwr Robin yn y Penrhyn oedd hwnnw], yn lecio llacio'r blewyn lleia ar ei dei.'

Tegell y Tad Gwilym – yn nhŷ'r offeiriad Catholig y

cynhelid y sesiynau – yn chwibanu'i hochr hi i ddweud fod yna baned ar y gweill a ddeuai â'r hypnoteiddio aneffeithiol hwnnw i ben. (Mae gen i gof i'r offeiriad fynd ati i danio'r tegell yn gynt wythnos ar ôl wythnos gan nad oedd ganddo'r diddordeb lleiaf yn y gweithgarwch.) O'r herwydd, byddai Robin yn hanner blin uwchben ei baned. O gymharu â'r gweddill ohonom roedd o'n grediniwr cant y cant, fel Ifan o ran hynny.

Wedi bod yn weinidog yn y Penrhyn a'r cyffiniau am dair blynedd ar ddeg daeth gwyntoedd croesion i'w gyfarfod. Un bore galwodd heibio i Gelliwig, y mans enfawr ym Mhorthmadog, i rannu'i faich hefo mi. Wedi swatio wrth ysgwydd y *Rayburn* honno a fyddai'n fythol gynnes, a thanio sigarét, fel y gwnâi gyda chysondeb mawr bryd hynny, daeth at ei neges. Roedd am roi'r ffidil yn y to. Ond o nabod Robin hwyrach ei bod hi'n fwy tebygol o lawer iddo sôn am roi 'ei delyn ar yr helyg'.

Yn arferol, fyddai stori am weinidog yn newid cwch ar ganol mordaith yn ddim mwy na thestun sgwrs dros baned – wel, os o gwbl. Ond yn hanes Robin, diolch i'r papurau newydd a'r cyfryngau, aeth ei ymadawiad o'r weinidogaeth fugeiliol yn stori genedlaethol. Mewn cyfweliad cofiadwy hefo Gwilym Owen ar gyfer HTV dywedodd iddo 'deimlo anesmwythyd ers blynyddoedd'. Soniodd am 'ddolur sy'n gwrthod cau'. Ar y pryd, roedd o am y pared â'i hanner cant ac wedi treulio tair blynedd ar hugain yn y gwaith. Ond o aros, teimlai y byddai'n 'gwastraffu egni' fwyfwy ac yn 'troi'n wag'. Ond, tua'r un pryd, mewn sgwrs gyda Glyn

Ifans ar gyfer *Y Cymro*, cwynai fod yr addysg ddiwinyddol a dderbyniodd wedi bod yn annigonol, 'Ond wrth drin pobl dydi Hebraeg ddim llawer o help nacdi?' Ond fel hac medrus aeth Gwilym Owen am y wythïen fawr. Gofynnodd, 'Ai wrth adael y weinidogaeth y medrwch chi wasanaethu'r Deyrnas orau?' 'Cwestiwn caled', meddai Robin wrth ymbalfalu am ateb a mynd braidd i'r niwl.

Felly, yn ganol oed, dyma'i mentro hi ar ei liwt ei hun a symud i fyw i Fryntirion, bwthyn ar gwr pentref Rhos-lan yn Eifionydd. Gyda'i amrywiol ddoniau roedd menter felly'n bosibl iddo. Ond a bod yn deg, wedi cefnu bu'n taflu'i adain dros gynulleidfa fechan o Annibynwyr yn Seion, Penmorfa, a hynny am flynyddoedd maith. Os

13. 'Y Tri Bob': Bob Owen ar y chwith eithaf, Bob Lloyd y talaf yn y canol, a Bob Roberts ar y dde eithaf. Bu'r ddarlith – a'r darlithio – yn fodd i Robin gyfuno nifer o'i ddoniau.

oes y fath beth ag eneidiau deg talent roedd Robin yn sicr yn eu plith: pregethwr, darlledwr, teledwr, diddanwr, dynwaredwr, perfformiwr, darlithydd, artist, cerddor, crefftwr â'i ddwylo a llenor abl – heb sôn am drên hir o wahanol hobïau. A syndod pob syndod oedd iddo daro deuddeg mewn cymaint o feysydd. Fel cyflwynydd *Dechrau Canu, Dechrau Canmol* un *take* oedd yn angenrheidiol, meddir; wrth ddarlledu, wedyn, dim ynganu gwlanog a fawr ddim gwaith i gynhyrchwyr ac, fel yr awgrymwyd, bu'n ddarlithydd prysur.

Yn y pumdegau roedd y ddarlith boblogaidd yn dal i lenwi capel a festri, llyfrgell a neuadd bentref. Bûm yn meddwl, droeon, mai portread Robin o'r 'Tri Bob' oedd y ddarlith boblogaidd orau i mi erioed ei gwrando. Perorasiynau'r ddarlith honno oedd Robin yn dynwared y tri – Bob Owen, Bob Lloyd a Bob Roberts – hyd at berffeithrwydd, bron: Bob Owen, Croesor, yn dân ac yn dwrw'n rhaffu hanes; Bob Lloyd (Llwyd o'r Bryn) yn rowlio'r 'r' at fod yn gargl wrth ganmol y 'pethe' a Bob Roberts Tai'r Felin, a gafodd ail wynt yn bymtheg a thrigain drwy'r *Noson Lawen*, yn morio 'Nawr, lanciau rhoddwn glod' neu 'Mari fach fy nghariad'. Ar gais Gwyn Erfyl, fe'i gwelais ar deledu, yn gwbl fyrfyfyr, yn dynwared y tri mewn sgwrs â'i gilydd heb fethu'r newid lleisiau unwaith. Ond yn naturiol, wedi ailgylchu'r deunydd yn gyfrol yn nechrau'r saithdegau bu llai o alw am wrando'r ddarlith.

Am nifer o dymhorau, bu Robin yn crwydro ar hyd a lled Ewrop i ffilmio nifer o gyfresi teledu hyd nes i'r

hiraeth am fod yn ei gynefin fynd yn drech
nag o: 'Felly ar derfyn un cwrs arall o
Ewropa (yn Genefa'r tro hwnnw)
dyma droi arnaf fy hun, ac ar fy
nghyfaill goddefgar [Ifor Rees, y
Cynhyrchydd], a dweud, "Digon!
Dydw i ddim am ddod byth eto!"
Ac felly bu.' Disgrifiodd ei daith
yn ôl i ryddid yn y gyfrol *O Gwr
y Lôn Goed*: 'Dim ond dyrnaid
arall o filltiroedd . . . Porthmadog
. . . Cricieth . . . Rhos-lan! Agor y giât
ar fin y llain, troi'r cerbyd i mewn i'r
gulffordd, a chau'r giât ar y byd . . . Teimlo
presenoldeb buwch yn pori am y clawdd â
mi, a'i thafod yn rhwygo arfodion o laswellt yn hollol
hyglyw, sŵn nas clywais ers wythnosau. Aros munud i
anadlu'r tywyllwch a'r llonydd mawr.'

14. Rhai o'r trugareddau a gasglodd wrth iddo deithio a ffilmio. Yr hyn na welir yma yw'r llyfrau nodiadau a gadwai ar gyfer y sgwennu a esgorai o'r trafals.

Serch diddordeb Robin yn y cyfryngau, a'i ddibyniaeth
ar y byd hwnnw am gyfnod gweddol faith, fe'i cafodd yn
fyd anwadal. Mae gen i gof iddo gyfaddef hynny, unwaith,
mewn sgwrs; cadw'r blaidd o'r drws oedd yr amcan. Fy
nheimlad i, am ei werth, ydi mai ei waith llenyddol fydd
fwyaf arhosol. Fel Jac, ei frawd hŷn – awdur y clasuron
Pigau'r Sêr a *Maes Mihangel* – roedd Robin hefyd, nid yn
unig yn saer coed ond yn saer geiriau. Fel 'essayist' y'i
disgrifiwyd gan Meic Stephens yn yr *Independent* ac yn un
'sophisticated' ar ben hynny.

Yn amlach na pheidio, sgyrsiau radio, erthyglau neu ysgrifau i gylchgronau a phapurau newydd, wedi'u hail-gylchu, oedd deunydd crai ei gyfrolau. Ond byddai pob sgwrs yn llenyddiaeth dda cyn iddi gyrraedd y glust neu ymddangos mewn print. Fel llenor, roedd ganddo afael anhygoel ar y Gymraeg. Ar dro roedd ganddo ffansi at fathu geiriau diarth yr olwg – 'eiraog', hwyrach, yn un – ac ar dro gallai gormod dewis o eiriau fod yn gloffrwym iddo. Mae gen i gof i ni fel teulu o bedwar, Nadolig 1969, roi ei gyfrol gyntaf o ysgrifau, *Basged y Saer*, yn anrheg a'i chyflwyno i 'Taid a Nain Hyfrydle'. Gwn i fy nhad-yng-nghyfraith ymosod arni bron cyn iddi ddod allan o'r parsel a chymryd at ei darllen fel cath at hufen dwbl. Roedd yn llenyddiaeth a oedd yn union at ei ddant, fel at ddant nifer fawr o ddarllenwyr canol oed a hŷn yn y cyfnod gwahanol hwnnw.

Fel yr awgrymwyd, dychwelai o bob rhyw fan i fod gartref gyda'i deulu – a'i gi. Nid nad oedd ganddo ddiddordeb ysol mewn creaduriaid eraill. Yn ei ddydd, bu'n cadw llygod, crwbanod, cwningod, nadroedd a sawl rhywogaeth arall. Synnwn i ddim nad etifeddodd ei hoffter o greaduriaid, yn arbennig y rhai anghyffredin, oddi wrth ei dad. Morwr oedd Jeremïah Williams yn ddyn ifanc a dychwelodd o un o'r gwledydd pell, unwaith, â chamelion i'w ganlyn. Wn i ddim pa mor hir y bu hwnnw byw yng ngwres anwadal Penrhyn Llŷn, na pha mor hawdd oedd cadw llygaid arno ac yntau'n newid lliw i gyfateb i'w awyrgylch. Nac ychwaith, o feddwl, pa mor hawdd oedd

hi i ddal pryfaid ar ei gyfer. Gwn i 'nhad ac eraill fynd i gael golwg arno, fwy nac unwaith, ac i'r camelion aros yn destun sgwrs iddyn nhw am flynyddoedd meithion.

Unwaith darlledodd Robin sgwrs gofiadwy am lwynoges amddifad y daeth ei dad â hi adref i'w ganlyn pan oedd yna saethu llwynogod yn y fro a llwyddo i'w dofi. Ond wrth i Robin ei thywys wrth gadwyn aeth o'i afael ac ennill ei rhyddid. Eto, pan ddychwelodd adref roedd 'Siân' wedi cyrraedd o'i flaen ac yn swatio o dan y dresel; wedi ffwndro, meddai'r darlledwr, rhwng caethiwed a rhyddid, greddf a magwraeth.

Ond i Robin a Doris roedd y cŵn yn blant, yn fath o deulu estynedig, gan amlaf gyda phroblemau ymddygiad

15. Mwynheai Robin gwmni'r bobl a gyfarfyddai ar ei deithiau a chadwodd gysylltiad gydag un neu ddau am flynyddoedd. O dan yr het wen gwelir Ifor Rees, cyfaill, cyfarwyddwr a chyd-smociwr o argyhoeddiad.

16. Y 'Temlau' yng ngardd Bryntirion a ysbrydolwyd gan ei deithiau ac a luniwyd er difyrrwch a boddhad ymarferol yn unig.

o ddaw o gael gormod maldod a fawr ddim disgyblaeth. Mae gen i frith gof am eu ci cyntaf a hynny mae'n debyg oherwydd yr enw a roddwyd iddo – 'Moffat'. Enwai Robin ei gŵn gyda'r gofal mwyaf. Ysgolhaig Beiblaidd oedd y Moffat gwreiddiol a gyfieithodd yr Ysgrythurau i Saesneg cyfoes. Yn y pumdegau byddai pob pregethwr a oedd am ddangos mymryn o blu, wedi darllen adnod ei destun yn Gymraeg yn ychwanegu 'ac fel y dywed Moffat' gan ddyfynnu'r Saesneg cyfoes – wel, cyfoes ar y pryd.

Ymhlith y cŵn olaf i feddiannu'r aelwyd – a hwyrach fod 'meddianu' yn air digon teg – roedd Daniel, Nedw a Phedro. Does fawr o bwynt imi fanylu am Nedw, y 'sbangi' chwedl Robin, am iddo'i anfarwoli yn un o'i gyfrolau. Ond pan oedd 'Daniel y sbaniel' yn teyrnasu ym Mryntirion, a dydi 'teyrnasu' chwaith ddim yn or-ddweud, byddwn yn galw heibio'n weddol gyson. Roedd Daniel, chwarae teg, gyda'r anwylaf o gŵn ac wedi dygymod â'i or-faldod yn rhesymol ddigon ond yn mwynhau rhyddid i gerdded ysgwyddau cadeiriau a hyd yn oed sil y ffenestr. Ei broblem oedd bod ganddo bledren wan a bod unrhyw gyffro yn peri iddo ollwng fel hidlen ble bynnag y byddai. I Dyfrig, yr ieuengaf o'n dau ni, roedd gweld 'Yncl Robin' yn cythru i'w ddal o, a'i gael i olau dydd, cyn iddo ddechrau diferu, o'r difyrrwch mwyaf.

Waeth imi gyfaddef ddim, roedd gen i, fel amryw eraill, fymryn o ofn Pedro, y ci gor-awenus a oroesodd Robin a Doris. Nid fod dim ffyrnigrwydd bwriadol yn perthyn iddo. Ond o glywed smic o'r llidiart a arweiniai i'r ffordd fawr yn bygwth cael ei agor llamai o gyfeiriad y tŷ, yn uchel ei gyfarthiad, a neidio uwch ysgwydd un byr fel fi. Yna, darnlusgo'r ymwelydd, fwy neu lai, at ddrws y tŷ gan gymaint ei foddhad o'i weld, ac er mwyn i Doris a Robin gael golwg arno. Gan gymaint ei ofal o'r ci, pan alwai Robin heibio i gyfeillion yng Nghaernarfon acw – er mai byr fyddai ei arhosiad fel rheol – gofalai barcio'r car fel y byddai gan Pedro'r olygfa hyfrytaf posibl a honno'n union o'i flaen. Meddai, mewn ysgrif, ''Fuom ni 'rioed heb gi. O bob creadur byw rhowch i mi gi.'

17. Y meistr a'i gyfaill . . . Nodwch bod gan y meistr bêl yn ei geg! Nedw oedd yr anystywallt hwn.

18. Robin a Doris ar achlysur dathlu eu priodas aur. Preifat a theuluol fu'r dathliad.

O safbwynt perfformio'n gyhoeddus fe ddywedwn i mai gŵr swil oedd Robin yn y bôn, er mor anodd ydi coelio hynny o gofio'i holl berfformiadau. Cawn yr argraff, ambell waith, ei fod yn perfformio am mai dyna un o'r doniau a gafodd ac mai dyna y disgwylid iddo'i wneud – yn fwy felly nag o ddewis. Go anaml, os byth bron yn ystod ei flynyddoedd olaf, y'i gwelid o mewn digwyddiad cyhoeddus os nad oedd ganddo ryw orchwyl pendant i'w gyflawni yno. A chyrraedd y munud olaf fyddai hi gan amlaf, pan fyddai'r gweithgareddau ar fin dechrau, a gadael yn fuan wedi i'r gweithgareddau ddod i ben gan osgoi, os yn bosibl, y siop siarad ar y terfyn.

Cyn Eisteddfod Bro Delyn 1991 cefais gais i lunio rhaglen deyrnged i Meredydd Evans ar gyfer y Babell Lên. Fel un a allai gyfrannu roedd enw Robin, yn naturiol, yn dod i frig y rhestr ond mae gen i gof mai amharod iawn oedd i roi unrhyw addewid i mi. Nid nad oedd o'n frwd dros y syniad ond am y byddai'n well ganddo beidio â mynychu a pherfformio mewn digwyddiad poblog o'r fath. Ac er pledio ddaeth yna ddim addewid. Yn wir, trefnwyd y rhaglen heb gynnwys ei enw. Ond y bore Gwener hwnnw pwy gyrhaeddodd at risiau llwyfan y Babell Lên pan oedd y cyfarfod ar fin dechrau – os nad wedi dechrau – ond Robin. Roedd o wedi cyfansoddi pryddest yn arddull yr hen feirdd, 'i fawrygu Meredydd Evans gynt o bentref

Tanygrisiau' ac fe'i perfformiodd gydag arddeliad a'r gynulleidfa yn ei dyblau.

O Swyddfa'r Eisteddfod daeth llythyr clên
Yn gwadd tua'r Wyddgrug i'r Babell Lên,
A'r bwriad fan yma – mawrygu Merêd
A phwyso'i athrylith mewn hyd a lled,
Ac wedi hirdeithio dros bant a bryn,
Cyflwynaf y bryddest i'r Brifwyl fel hyn.

Mewn munud neu ddau, mi newidia i'r mydyr,
Nes bydd yr awen yn loyw fel gwydyr . . .

Gan ddarllen a chofio, ymollyngodd i'r gwaith
O leibio i'w gyfansoddiad iaith ar ôl iaith, –
(Nid fi piau'r frawddeg yna chwaith.)

Mae cynllun y Bryddest 'ma braidd yn flêr,
I fyny ac i lawr, ac o gêr i gêr.
Ond rhaid mynd ymlaen (neu yn ôl) â'r stori, –
Mae'r saga am Ifans yn werth ei thrysori.

Ac yn ei flaen yr aeth o. Roedd i'r bryddest 'orchestawl', chwedl Robin, dros ddau gant a hanner o linellau.

Ei gyfraniad llenyddol olaf oedd *Digon i'r Diwrnod*, cyfrol helaeth o fyfyrdodau dyddiol – tri chant, chwe deg chwech tudalen a bod yn fanwl – a ysgrifennodd ar gais Cymdeithas Lyfrau Ceredigion ac a gyhoeddwyd yn Nhachwedd 2000. Fel yr awgryma'r broliant, mae'n gofgolofn i gyfraniad llenor abl a arbenigodd ar yr ysgrif a'r homili, a'r safbwynt Cristnogol yn sylfaen i'w waith. Roedd hi'n anferth o dasg. Mor gynnar â'r myfyrdod gogyfer â 28 Chwefror (ac roedd dwy fil yn flwyddyn naid) mae yna awgrym o ddiffygio:

Diwrnod bwrw'r draul fydd hi heddiw. Gweld y llyfr yma'n gyndyn i dyfu'r ydw i. Pan addewais, sbel yn ôl, y buaswn yn sgrifennu cyfrol o'r natur yma, fe dybiais yr awn trwy'r gwaith fel cyllell trwy fenyn.

Ond bellach, mae'r egni'n dechrau pallu, y meddwl yn llesgáu a'r syniadau'n teneuo. A bydd angen dros dri chant eto! O ble ar y ddaear gron y daw trichant arall o bytiau? Teimlo ias o banig, fel Pantycelyn gynt:

A minnau sydd am ffoi,

Neu ynteu droi yn ôl . . .

Eto, ni thâl peth felly ar ganol y ddringfa. Bydd yn rhaid ymwroli a gyrru ymlaen tua'r copa pell. Pell iawn hefyd. Ond fel yr awgrymais ar Ionawr 1af, fesul cam y daw pethau.

Rhyfedd iddo sôn am 'y meddwl yn llesgáu' oherwydd yn fuan wedi hynny dirywiodd ei iechyd.

Na, gŵr aelwyd a theulu a llond dwrn o ffrindiau clòs oedd Robin yn ei galon, yn fwy na dyn tyrfa. Crwydro i bwrpas fyddai hi bob tro a throi am adref cyn gynted ag y byddai'r gorchwyl neu'r ddyletswydd wedi'i chyflawni. 'Rhwng dwy afon yn Rhos-lan' roedd ei seintwar, ac yn fwy felly fel yr âi'r blynyddoedd yn eu blaenau. I ddyfynnu'i hoff Bantycelyn unwaith yn rhagor, un y treuliodd hanner oes a mwy yn ymhél â'i waith:

19. Llun a dynnwyd yn nghlydwch Bryntirion, ei annwyl encil.

Mi gaf yno, dan bob blinder,
    Hyfryd dreulio 'nyddiau i maes . . .

Gyda'r blynyddoedd, datblygodd y briodas honno a wein-
yddwyd yng ngodre'r Pumlumon hanner cant a thair o
flynyddoedd ynghynt yn un i'w chofio a Robin – ar sgwrs
ac mewn ysgrif – bob amser yn ei dwyfoli. Dau gwahanol

a oedd yn debyg mewn cymaint o bethau oedd Doris a Robin. Cyflwynodd un o'i gyfrolau, *Basged y Saer*: 'Am y drutaf o bob profiad ond odid, sef hwyl a helynt aelwyd, cyflwynaf y llyfr i'r tri a'i rhannodd gyda mi . . .' Doris, a'r plant, Catrin a Dylan oedd y triawd hwnnw. Goroesodd Doris ei gŵr a Phedro a hithau'n dal i fyw ym Mryntirion heb symud lawer o'r lle nac, ychwaith, o gwmni'i gilydd. A byddai Robin yn ddedwydd o wybod hynny.

Fel yr awgrymais i, doedd Robin ddim yn fo'i hun at ddiwedd y daith ond bu farw fymryn yn annisgwyl bum niwrnod cyn Nadolig 2003. Pan ddaeth cais imi dalu gair byr o deyrnged iddo ddydd ei angladd – nid y byddai o wedi gofyn am ddim o'r fath – llinell o gân serch Ryan Davies, allan o'i chysylltiadau, a ddaeth i'm meddwl ac aros yno: 'O ble ce'st ti'r ddawn?'

Wythnos yn ôl bûm wrth ei fedd ym Mynwent Newydd, Llanystumdwy – sydd heb fod ymhell o Blas y Gwynfryn a chapel Moreia lle cychwynnodd ar ei bererindod Gristnogol. Ar y garreg mae'r geiriad yn fwriadol gryno, fel a fyddai'n gweddu i Robin, 'Llenor Darlledwr Pregethwr'. Wrth ddarlithio ar y *Tri Bob* byddai Robin yn arfer â chloi'i berfformiad drwy ddatgan mai go brin y gwelid eu tebyg fyth eto; bod y Crëwr, ar ôl iddo fathu'r tri, wedi dryllio'r mold. Fe ddywedwn i i'r Hollalluog wneud yr un peth yn union wedi ei farwolaeth yntau. I ddyfynnu o englyn coffa Trefor Jones, Gellïoedd i Lwyd o'r Bryn – 'Mae'n chwith. Pwy lenwith ei le?' Cyn belled ag y mae Robin yn y cwestiwn yr ateb ydi – neb.

Mari

O RAN CORFFOLAETH, byr ydi hithau, fel finnau, ond fod ei hathrylith hi yn fawr. O'i chyfarfod am y waith gyntaf yr ansoddeiriau sy'n llifo i feddwl dyn ydi byrlymus, brwdfrydig, eiddgar, sensitif, croesawus, amlwg weithgar a gostyngedig. Yn wir, wedi imi hanner awgrymu iddi yr hoffwn i roi gair amdani ar bapur fe ddaeth yna ateb i'r sgrin, 'Merch fferm sydd yn digwydd bod yn feddyg ac yn ysgrifenyddes y capel ydw i a ddim llawer o ddim byd arall.' Roedd y neges yn wir, oedd yn gwbl wir, ond ymhell iawn o fod yn dweud y gwir i gyd. Gostyngeiddrwydd, debyg gen i, oedd yn gyfrifol am beth felly. Ac un nodwedd arall a berthyn i Mari ydi ei bod hi'n gyson falch o'i chefndir ac o'r fagwraeth braf gafodd hi a'i chwaer ieuengach, Ffion.

20. 'Un wên a gefais fel heulwen haf.'

> Mi ges i fy magu ar ffarm. Ffarm gymysg oedd hi, yn tyfu pob math o bethau; cadw catal a defaid a moch ac ieir a phob peth. Fy nhad a fy mam, y ddau ohonyn nhw'n blant ffarm. Y ddau wedi cael eu magu'n lleol yn y Waun 'ma, y ddau wedi mynd i'r ysgol hefo'i gilydd, wedi nabod ei gilydd erioed; y teuluoedd wedi nabod ei gilydd erioed. Ardal wledig iawn a reit Seisnig hefyd ydi hi, oherwydd bod ni mor agos at yr A55 mae'n debyg. Mae hi'n fwy Seisnig rŵan, ond hyd yn oed ddeng mlynedd ar hugain yn ôl roedd hi'n ardal Seisnig

ac roedd bod yn deulu Cymraeg yn rhwbath gweddol anarferol. Oedd, roedd o'n blentyndod andros o hapus.

Unwaith eto, dydi'r sylw ffwrdd â hi 'digwydd bod yn feddyg' ddim yn adrodd y stori lawn o bell ffordd. Ers degawd bron, mae'r Athro Mari Lloyd-Williams yn dal cadair bersonol yng Nghyfadran Meddygaeth Prifysgol Lerpwl, yn ymgynghorydd mewn meddygaeth gofal lliniarol ac yn adnabyddus am ei chyfraniad yn y maes hwnnw – nid yn unig yng Nghymru ond tu hwnt. Meddai hi am ei gwaith: 'Mae gen i gyfuniad diddorol o wneud gwaith ymchwil ar sut mae pobl yn ymdopi gyda diagnosis o gancr neu salwch difrifol; dysgu myfyrwyr meddygol a bod yn diwtor personol iddyn nhw, a chael y fraint fawr o fod yn ymgynghorydd i gleifion gydag afiechydon nad ydyn nhw'n mynd i wella'. Mae hynny'n sicr yn lletach na hap a damwain o 'ddigwydd bod yn feddyg'. Awgrym Mari, yn ystod yr un sgwrs, oedd mai'r profiad o helpu i ofalu am ei nain oedd un peth a'i gyrrodd hi ar y siwrnai hir i fyd meddygaeth.

21. Wrth ei gwaith, yn barod i wrando ar galonnau mewn sawl ystyr.

A pheth oedd yn reit nodweddiadol, mae'n debyg, ddeg ar hugain o flynyddoedd yn ôl, oedd bod Nain yn byw hefo ni. Roedden ni'n deulu tair cenhedlaeth. Mi wnaeth Nain symud i fyw hefo ni am fod Taid wedi marw a bod hithau, Nain, yn reit fregus. A phan dw i'n edrach yn ôl, ro'n i wastad yn meddwl bod Nain yn hen ond doedd hi ddim ond yn ei chwedegau. A dw i'n meddwl bod y ffaith bod ni wedi cael ein magu fel'na – ac oedden ni

22. Capel Waungoleugoed ar fin y ffordd ym mhlwy'r Waun, Llanelwy.

i gyd yn byw hefo'n gilydd – bod hynny, mae'n debyg, wedi cael dylanwad mawr arna i o ochr gofal.

Yn rhyfedd iawn, fedra i gofio fawr ddim am ein cyfarfyddiad cyntaf ni. Mi wn i mai yng nghapel yr Annibynwyr yn Waungoleugoed y bu hynny, ac ar bnawn Sul. Mae'n gwbl bosibl i mi gael rhestr o enwau ganddi ar ddechrau'r gwasanaeth i'w cyflwyno mewn gweddi. Mae yr un mor debygol i'r adeilad gael ei droi'n snacbar wedi'r oedfa – tegell yn mygu'i hochr hi yng nghefn y capel a thamaid o fara brith, neu deisen Fictoria hwyrach, i gyd-fynd â'r baned honno. A hwyrach inni uwchben y baned drafod ychydig ar y bregeth a sôn am y gwaith mawr sydd eto i'w gyflawni. Ond hwyrach mai fy nychymyg i sy'n troi'r cyfarfyddiad cyntaf yn enghraifft berffaith o'r hyn a ddigwydd yno o Sul i Sul.

Ond mae fy ail gysylltiad â Mari Lloyd-Williams yn fyw iawn yn y cof. Gwahoddiad oedd hwnnw i arwain oedfa o ddiolchgarwch am y cynhaeaf yng nghapel y Waun, gyda siars bendant i gofio dŵad â fy ngwraig hefo mi. Bu rhaid aros a meddwl. Mi fyddai'r daith, ddwyffordd, wedi bod yn faith iawn a Nan newydd dderbyn triniaethau hir at afiechyd digon enbyd. Ond derbyn y gwahoddiad fu'n hanes ni'n dau. Roedd y capel, y noson honno, yn rhwydd lawn – diolch i gefnogwyr o'r bröydd cyfagos – y canu'n wresog a chasgliad y noson i fynd, nid i gadw'r blaidd o ddrws y capel, ond at Hosbis Sant Cyndeyrn. Dyna un o hoff elusennau Mari Lloyd-Williams.

Wedi'r oedfa roedd hi wedi gwahodd i'w haelwyd, o blith yr addolwyr, gleifion a gafodd brofiadau digon tebyg i Nan, er mwyn iddyn nhw gael seiadu uwchben rhyw stiw a fu'n ffrwtian ar y tân tra bûm i'n arwain y gwasanaeth. Ei gobaith hi oedd y byddai rhannu gofidiau a hau gobeithion wrth bryd bwyd yn symbyliad i rai i ddal ati. Yn ein hachos ni'n dau bu felly. A dyna pam, mae'n debyg, yr aeth y cyfarfyddiad cyntaf i'r cysgodion ac i'r ail gyfarfyddiad aros yn fy meddwl i. Un feddylgar fel'na, ddywedwn i, ydi Mari Lloyd-Williams, yn meddwl am ail filltir tra mae hi'n cerdded y gyntaf.

Wedi gadael yr ysgol gynradd yn Llanelwy a chyrraedd Glan Clwyd ar gyfer addysg uwchradd fe wyddai hi'n weddol fuan mai meddygaeth a fyddai'i dewis faes hi – os

byddai hynny o fewn ei chyrraedd. Ar y llaw arall, roedd ei rhieni, meddai hi, nid yn wrthwynebus i'r syniad ond yn pryderu a fyddai hi'n abl i ddygymod â chwrs addysg maith ac â gwaith a allai fod yn llethol ar dro. Un rheswm am hyn, hwyrach, oedd bod un o gyfnitherod ei mam wedi priodi meddyg teulu a oedd â phractis ym Manceinion ac yntau, o bryd i'w gilydd, yn cael y gwaith yn galed a thrwm ac yn sgwrsio am hynny. Ond yn hanes Mari Lloyd-Williams, 'ofni'r cwbl' oedd hyn i gyd yn y pen draw, 'heb achos ofni'n bod'.

> 'Nes i fynd i Gaerlŷr i hyfforddi. Roedd mam a 'nhad yn poeni'n ofnadwy, meddwl 'mod i'n mynd i'r lleuad mae'n siŵr. Roedd o'n bell. A dw i'n cofio mynd am y cyfweliad a Mam yn dod hefo mi yn y trên. A dŵad allan o'r trên, yn y stesion, ac oedd hanner y boblogaeth yn amlwg o dras Asiaidd. Roedd hynny'n fy syfrdanu i. Ond roedd byw mewn cymuned fel yna yn brofiad arbennig.

Sylweddoli, er bod pobl yn wahanol, gyda chredoau gwahanol, ein bod ni i gyd yn hynod o debyg i'n gilydd.

Pan aeth Mari yno, roedd Ysgol Feddygol Caerlŷr, meddai hi (ac mae'r broliannau a geir iddi'n ategu hynny), yn nodedig am ehangder yr addysg a gynigid i'r myfyrwyr. 'Oedd, mi roedd Caerlŷr yn Ysgol Feddygol reit wahanol, yn cynnig profiadau gwahanol. Pan o'n i'n fyfyrwraig yno roedd yr Hosbis, a oedd newydd agor yn wyth deg chwech, yn rhwbath reit newydd. Dw i'n cofio mynd i'r Hosbis i gael profiad gwaith a meddwl, dyma'r math o waith dw i isio neud. Ro'n i'n gwbod yn syth.'

25. Yng Nghaerlŷr yn 2001 yn gwarchod, a bwydo, Henry – un o'i phlant bedydd.

I gadarnhau'r argyhoeddiad a ddaeth iddi wedi iddi gyrraedd Caerlŷr – 'ein bod ni i gyd yn hynod o debyg i'n gilydd' – a chyda chefnogaeth y Sefydliad Prydeinig cafodd gyfle i ymweld ag Ysgol Feddygol Prifysgol Medunsa yn Ne Affrica. Dyma'r sefydliad cyntaf o'i fath yn yr holl wlad, meddir, i dderbyn meddygon tywyll i gael hyfforddiant, a hynny pan oedd apartheid yn dal mewn grym yno. Unwaith eto, gadawodd ei dau ymweliad â Medunsa argraff arhosol arni.

Gwlad mor dlawd. Gweld y plant bach yma'n gwerthu orenjis ar ochor y ffordd a'r bobl ro'n i'n aros hefo nhw'n deud bod yna ryw ddeg ohonyn nhw yn cael eu lladd bob wsnos. Roedd bywyd mor ddiwerth, rywsut. A dw i'n cofio hefyd yn y Brifysgol, hefo'r meddygon, mai Saesneg oedd eu pedwaredd a'u pumed iaith nhw. Nhwtha mor awyddus i ddysgu ynghylch gofal lliniarol oherwydd bod *Aids* mor bwysig iddyn nhw. Oeddan nhw ofn deud y gair. Y cwbl oeddan nhw'n ei alw fo oedd 'salwch difrifol'.

Yn ystod haf 2011 mi es i draw i'r Ysgol Feddygol ym Mhrifysgol Lerpwl i gyfarfod yr Athro Mari Lloyd-Williams. Roedd yna fwriad i'w ffilmio hi wrth ei gwaith. Ward Wyth yn hen Ysbyty'r Royal oedd y safle unwaith, ac i'r fan honno, ar un cyfnod, y tyrrai cleifion o bob rhan o ogledd Cymru. Un rheswm am hynny oedd bod nifer o'r ymgynghorwyr yn Gymry Cymraeg ac yn barod i sgwrsio hefo'r cleifion yn eu hiaith eu hunain – yn union fel yr Athro Mari Lloyd-Williams erbyn hyn. O edrych yn ôl, mae gen i gof fod y coridorau i mi'r pnawn hwnnw'n llawn eco a'u hailgerdded yn brofiad dwys. Y baich oedd 'mod i'n cofio 'nhad yma yng nghanol y pumdegau a minnau, yn fyfyriwr ifanc, yn cael y newydd gwaethaf posibl am gyflwr ei iechyd o. Doedd yna

26. Mari, yn ystod un o'i mynych deithiau, ar ymweliad â Hosbis Hilo, Hawaii, yn 2004.

ddim gofal lliniarol arbenigol yn cael ei gynnig bryd hynny chwaith. Na, doedd yna'r un Mari Lloyd-Williams ar gael. A chan ein bod ni yn y fan a'r lle, ac mai dyna'i harbeni-gaeth hi, dyna'r pwnc roeddwn i am ei drafod hefo hi. I gyflawni'r fath waith dwys rhaid bod ganddi – ar wahân i'r cymwysterau meddygol angenrheidiol – ddewrder diamhe-uol ac atebion i'w cynnig i rai o'r cwestiynau dirdynnol fydd yn cael eu gofyn iddi. Roedd o'n gwestiwn llwythog ond i gael atebion syml a gonest iawn.

27. Ar drothwy'r Nadolig a'r capel wedi'i addurno'n hardd ar gyfer 'Oedfa Cannwyll i Gofio'; cyfle i oedi, myfyrio a goleuo cannwyll i gofio ffrindiau ac anwyliaid. Heb anghofio'r pedair ffyddlon sy'n treulio'r holl oriau'n hel y gwyrddni ac wedyn yn addurno.

Dw i ddim yn meddwl ei fod o'n ddewrder. Y bobl dach chi'n weld sy'n ddewr. Ar ôl ugain mlynedd yn y gwaith, mae gen i lai o atebion rŵan nag oedd gen i ar y dechrau. Ydi, mae pobl ar ddiwedd bywyd yn gofyn cwestiynau ond dydyn nhw ddim yn disgwyl i chi roi'r ateb. Eu disgwyliad nhw ydi i chi rannu'r siwrna hefo nhw. Mae poen corfforol yn hawdd delio hefo fo ond mae poenau unigrwydd a phoenau ysbrydol yn llawer iawn anoddach. Mae o'n waith dw i wrth fy modd yn ei neud o, yn ei theimlo hi'n fraint. Y diwrnod cyntaf i mi yn y Brifysgol mi geuthon ni ddarlith gan Syr Harold Ellis, llawfeddyg ymgynghorol bydenwog. Dw i wastad yn ei gofio fo'n deud, 'Pan fyddwch chi'n feddygon, cofiwch hyn. Weithiau, mi fyddwch chi'n iacháu, yn aml yn cynorthwyo ond yn cysuro bob amser'.

Mae gen i gof imi ofyn iddi unwaith, dro arall, a fydd hi, o ran ei meddwl, yn dod â chleifion adref i'w chanlyn? Ei hateb oedd y bydd hi'n 'dŵad â llond car ohonyn nhw

ambell ddiwrnod'. Yna, ychwanegu mai'r dydd pan fydd hi ddim yn dod â chleifion adref i'w chanlyn fydd y diwrnod iddi adael ei gwaith. 'Pan fydd unrhyw feddyg – neu unrhyw weinidog o ran hynny – yn deud nad oes dim yn ei gyffwrdd o neu hi, yna mi fyddwn i'n amau a ydyn nhw yn y swydd iawn.' A dyma hi'n rhannu profiad hefo mi, i brofi'r pwynt fel petai.

Yn ddiweddar, mi fûm i'n gofalu am hogan ifanc ddeunaw oed, hogan o deulu Iddewig. Roedd hi'n brif ddisgybl ei hysgol uwchradd yn Lerpwl. Roedd hi'n hogan ddisglair ac ar ei ffordd i Rydychen neu Gaergrawnt. Y tro cyntaf ro'n i i'w gweld hi yn y clinig, ddaru hi ddim troi i fyny. Roedd hi ormod o ofn dod i'r Hosbis, felly. Mi fu farw ryw chwe mis ar ôl gneud ei lefel A. Mi ges i wahoddiad i roi darlith er cof amdani yn yr ysgol; llond lle o bobl ifanc chweched dosbarth. Deud wnes i fod bywyd i'w fyw i'w lawnder a'n bod ni i gyd yma ar y ddaear i helpu'n gilydd. (A'r ferch yma,

28. Nadolig 2005 a'r ddwy chwaer yn rhodio'r caeau – y ci ymhen ei dennyn.

29. Nadolig yn yr Hosbis yng Nghaerlŷr a'r diweddar John Idwal Jones – brodor o dde Cymru'n wreiddiol – 'yn methu â choelio bod ei feddyg yn siarad iaith y nefoedd'.

dyna oedd ei gweledigaeth hithau hefyd.) Iddyn nhw geisio ymestyn yn uchel yn eu gyrfaoedd heb anghofio pwysigrwydd y gweithredoedd bychan.

Ond am Mari ei hun, o ble daw ei chynhaliaeth hi? Dyma'r pryd y daw ardal wasgaredig Waungoleugoed, ac yn arbennig y capel, i'r sgrin. Mae gen i ryw gof i mi gael cam gwag pan ges i alwad ffôn oddi wrthi am y waith gyntaf, a hithau'n gofyn a ddown i cyn belled â 'Chapel Waungoleugoed' i arwain oedfa. Minnau'n holi'n niwlog, 'A ble'n union ma' lle felly?' Dyn yn ei oed a'i amser a'r 'Waun', o bobman, ddim ar ei fap o! I Mari, mae'r fro a'r capel sydd yno yn fyd cyfan er iddi, wrth ddilyn ei galwedigaeth, deithio bydoedd gwahanol iawn a llawer pellach.

30. Dathlu pen-blwydd James, brawd bach un o'i phlant bedydd.

Serch fod ganddi fwy o gwestiynau nag o atebion ei chynhaliaeth hi ydi'i ffydd hi. 'Dydw i ddim yn ddiwinydd o gwbl,' meddai. 'Taswn i'n cael fy nghornelu gan rywun yn gofyn rhyw gwestiynau diwinyddol i mi 'fyddwn i'n anobeithiol. Mae fy ffydd i'n hynod o syml, "Duw cariad yw". I mi, dyna ydi neges yr efengyl.'

Mae hi'n ymddangos i mi mai'r capel, i raddau mawr iawn, a'r hyn a gafodd hi yno unwaith, ac a gaiff hi yno o hyd, ydi'r echel sy'n dal ei byd prysur hi wrth ei gilydd, yn ei gadw rhag chwalu ac yn ei yrru yn ei flaen.

Mae capel y Waun yn bwysig ofnadwy i mi; yn bwysig iawn i ni i gyd fel teulu, mae'n debyg. Roedd mynd i'r capel bob Sul yn beth arferol. Mi ges fy nghymryd i'r

31. Oedfa deulu yng nghapel y Waun.

capel, dw i'n credu, pan o'n i ryw ddeg diwrnod oed yn fabi bach, bach. Nid 'mod i'n cofio! Ond bellach, be ydw i'n gael yma? Wel, dw i'n cael cyfeillgarwch, dw i'n cael fy nghodi, cael fy atgyfnerthu, dw i, hefyd – os ydw i'n onest – yn mynd yn reit rwystredig ar adegau. Y feirniadaeth dw i'n gael adra, weithiau, ydi 'mod i'n poeni mwy am y capel nag ydw i am fy ngwaith beunyddiol. Mae hynny'n wir, ambell dro. Ond dw i'n teimlo, o bob swydd ydw i wedi'i neud, ei bod hi'n fraint aruthrol i gael bod yn ysgrifennydd y capel yma. Fuo mam a fy nhaid i yn dal yr un swydd o 'mlaen i. Nid fod yna, mewn cymdeithas mor fach, griw hir o rai'n cystadlu am y gwaith.

32. Meddai Mari: 'Gyda thair a fu mor ffyddlon i gapel y Waun ond sydd bellach wedi ein gadael – Beryl Jones, Kate Lewis a Hannah Roberts'.

Fel adeilad, mae capel Waungoleugoed yn hynod o debyg i bron bob capel anghydffurfiol arall. Un o'r blychau sgwâr ydi o, a'i du mewn – o ran ei bensaernïaeth a'i ddodrefn – yn ddigon tebyg i'r cannoedd capeli sy'n britho Cymru. Ar y llaw arall, o ran y gweithgarwch a geir yno, a'r weledigaeth tu cefn i'r gweithgarwch hwnnw, mae yna ymdrech i fod yn wahanol; hynny ydi, i geisio peri gwahaniaeth yn y gymdeithas sydd tu allan i'w furiau. Er enghraifft, mae'r eglwys yn marchnata'i hun yn effeithiol iawn ar y we: *Eglwys fywiog, weithgar a hwyliog sydd yn gwrando trwy weddi ar lais Duw ac yn ceisio gweithredu'n gariadus er budd ein cyd-ddyn. Enillydd gwobr gyntaf 2012* [Church Tourism Network Wales] *i'r Capel sydd yn ymestyn allan fwyaf yn gymunedol. Croeso cynnes ichi ymuno â ni.* Ac i danlinellu hynny, fel petai, mae yna ar y we oriel o ddarluniau sy'n dangos y llu gweithgareddau sy'n digwydd yno i geisio rhoi'r freuddwyd fawr ar waith.

Ond dadl Mari Lloyd-Williams ydi nad ydi capel Waungoleugoed yn gwneud dim byd mwy na byw i'w enw a hithau, gydag eraill, yn gwarchod hen draddodiad a'i yrru yn ei flaen.

Dw i'n meddwl fod capal Waungoleugoed wastad wedi bod yn reit wahanol. Yn 1931 roedd rhywun wedi sgwennu yn deud fod yr eglwys yn wan iawn ond bod yna ryw ysbryd tu hwnt o ffyddiog yma. Roedd hynny saith deg mlynedd yn ôl, ac mi rydan ni yma o hyd. Yn ystod y Rhyfel, yn 1942, ddaru'r gweinidog, yr olaf gafodd y capel yma, Parch. John Morris Jones, ddechrau cynllun ymweld yn y gymuned. Dw i'n cofio'r Parch. Tecwyn Ifan yn deud wrtha i, os ydach chi'n gneud rhwbath gwahanol mi gewch chi rwbath gwahanol, os ydach chi'n gneud yr un peth yna mi gewch chi'r un peth. Fel yn 1942, mi rydan ni yn gneud pethau gwahanol.

Yn ogystal, mae'r arferol yn digwydd yn y capel pan fydda i a fy nhebyg wrth y llyw, yn cynnwys ambell oedfa sy'n fath o 'frechdan emynau'– fel y'i gelwir. Ond i ffilmio un o'r 'pethau gwahanol' yr aed yno un bore yng Ngorffennaf 2011. Y bore hwnnw fe ddaeth Mari i ddrws y capel yn wên i gyd, fel bob amser, ac yn ei brat. Doedd hi'n fore Iau, ac ar fore Iau mae'r grŵp Gofal Dydd yn hel at ei gilydd yn Waungoleugoed.

O bori drwy'r *Cylchlythyrau*, a gyhoeddir yn fisol, roedd hi'n amlwg i'r syniad fod yn ffrwtian ym meddwl yr aelodau a'r cefnogwyr am beth amser cyn iddyn nhw lwyddo i roi'r cynllun ar droed. Wedi'r cwbl, nid gwaith bach, na gwaith

33. Oedfa arferol a Mari, fel y bydd hi'n aml, â'i chefn ar y wal yn gwylio ac yn gwerthfawrogi.

34. Un o'r mamau yng ngardd y capel gyda'i phlant ar achlysur yr helfa wyau Pasg. Yr wyau wedi'u cuddio'n ofalus y noson flaenorol.

hawdd, na gwaith rhad o ran hynny oedd codi estyniad i'r capel, yn gartref i'r gweithgarwch gydag ystafell gyfforddus a chegin bwrpasol. Wedyn, wedi cael yr adeilad ar ei draed, a rhoi'r cynllun ar waith, roedd yn rhaid troi'r bwriad yn ofal ymarferol.

'Ond eglwys gymharol fechan ydi Waungoleugoed?' awgrymodd John Roberts iddi wrth ei holi hi un bore Sul ar y rhaglen *Bwrw Golwg*.

'Ia wir. Ar unrhyw Sul mae yna ryw ddeg ohonon ni yn cyfarfod hefo'n gilydd. Ond mae'n rhaid imi ddeud bod gynnon ni dîm gwych o wirfoddolwyr hefo'r cynllun yma. Rhai o'r capel yma, a rhai o gapeli eraill a rhai o'r gymuned leol sy'n dŵad aton ni i helpu . . . Dw i'n meddwl ei fod o'n dangos y gall eglwys fach neud rhywbeth. Does dim rhaid wrth eglwys fawr, â llawer iawn o aelodau, i wneud gwahaniaeth.'

'Mae Mari wedi bod yn oleudy mewn storm i nifer o unigolion a theuluoedd,' meddai Meinir Llwyd y delynores, o Ganolfan William Mathias, yn siarad o brofiad. Mae Meinir wedi ei magu'n lleol. 'Mae'r clwb gofal dydd yn wasanaeth amhrisiadwy. Pan oeddem yn gofalu am dad adre, roedd hi'n braf iawn mynd i'r gwaith bob dydd Iau gan wybod ei fod yn cael cwmni a phryd iawn o fwyd yn y clwb.'

A gwir y gair, oherwydd y bore Iau hwnnw, pan oedd y camera ar ddod yn fyw a'r sain yn gweithio fe ddechreuodd yr ymwelwyr am y dydd gyrraedd. Rhai wedi'u cyrchu yno o beth pellter, a rhai angen help llaw i gerdded i lawr

35. Mari a'r staff yn Ysbyty Prifysgol Caerlŷr un bwrw Sul yn 2001.

llwybr y capel i gael eu croesawu yn yr estyniad newydd gyda phaned a thost. Ac fel petai'r cinio cartref dau gwrs ddim yn ddigon, yn fuan wedyn roedd yna baned arall, a chacen, cyn iddyn nhw oll droi'n ôl – rhai i unigrwydd eu cartrefi ddydd ar ôl dydd.

Ond heblaw'r clebran hwyliog rhwng prydau daw gwahanol ddoniau heibio i godi'r ysbryd. Er enghraifft, fe ddaeth Enys Evans yno i hyfforddi'r gwirfoddolwyr ar sut i ddefnyddio gwahanol olew i fod o gymorth i rai mewn poen neu'n isel eu hysbryd. A thipyn o sgŵp oedd cael tiwtor o Goleg Harlech ar y pryd, Rhian Catrin Price, yno am dymor i drefnu gweithgareddau celf. 'Meddwl Agored' oedd thema'r gweithgarwch a bu'n llwyddiant diamheuol o boptu. Meddai Rhian, 'Roedd hi yn fraint imi gael bod ymysg aelodau'r grŵp a gweld eu gwaith nhw'n datblygu. Roedd yn ddifyr, hefyd, i wrando ar eu sgyrsiau a'u hatgofion nhw. Mae pawb sydd yn rhan o'r grŵp wedi dŵad yn ffrindiau ac yn agos iawn at fy nghalon i. Ydi, mae

36. Christopher Dowrick, Athro Meddygaeth Teulu, Prifysgol Lerpwl: 'Dengys Mari Lloyd-Williams gyfuniad prin o gyfoeth doethineb a dynoliaeth ddofn. Gwn o brofiad personol mor werthfawr y gall ei threiddgarwch a'i chyngor fod, ac mor barod y mae bob amser i gerdded yr ail filltir'.

ymroddiad Mari yn heintus ac i mi, bellach, mae capel y Waun yn lle arbennig iawn.' Ac am fisoedd wedyn, lluniau rhyfeddol a grëwyd gan rai gydag anableddau gweddol ddifrifol fu'n sirioli parwydydd capel Waungoleugoed. Bellach, mae yna drefniant i Rhian gael dychwelyd.

A phan ddaw beirniadaeth ar yr hyn sydd iddi hi'n argyhoeddiad fe all Mari sefyll ar ei sodlau'i hun:

'Dyna ichi ffordd dda i gael pobl i'r capel,' ebe un gweinidog. Wel, dydyn nhw ddim yn ddigon da i fedru dŵad i oedfa beth bynnag. Dydan ni ddim yn gweld y cynllun Gofal Dydd fel rhwbath i gael mwy i'r capel. Y bwriad ydi gneud gwahaniaeth i bobl, ac i blant. Un o'n hoedfaon mwya poblogaidd ni rŵan ydi'r oedfa deulu. Dw i'n clywed rhai capeli'n deud bod nhw'n cael plant i oedfa deulu ond byth yn eu gweld nhw fel arall. Fel petai hynny'n wendid ac nid yn gyfle. Y gwendid mwya ydi ein bod ni mor negyddol. Dw i wedi bod mewn capeli, lle dw i wedi mynd i mewn yn teimlo'n reit joli ac yn dŵad allan yn teimlo'n hollol ddigalon. A fi oedd yn cymryd yr oedfa! Ond hwyrach mai adlewyrchiad arna i oedd hynny.

Fe gafodd Mari ei magu, meddai hi, 'ar aelwyd lle'r oedd yr efengyl yn efengyl ymarferol ac yn efengyl gymdeithasol.' Dyna'r agwedd sy'n ei chyffwrdd hi ac yn lliwio'i bywyd hi yn ei gwaith bob dydd yn ogystal. Wedi oriau o drafod a sgwrsio hefo hi dros y blynyddoedd, y gair a ddaw allan yn hynod o aml ydi 'gofal'. Yn y ddinas, yn Lerpwl, mae

37. Siôn Corn newydd alw yn yr Hosbis. Cadair olwyn yn hytrach na charw'r Nadolig hwnnw.

hi'n gweld hwnnw'n cael ei estyn a'i ddangos yn amlach ymhlith pobl gyffredin, dlawd eu byd, nag ymhlith y rhai a ystyrir yn fwy breintiedig. A dydi Mari Lloyd-Williams, serch ei holl hynawsedd, fel yr awgrymais i, ddim yn un i atal dweud ei barn – yn enwedig felly pan wêl hi'r gwan a'r tlawd yn cael eu hesgeuluso. Meddai hi mewn rhifyn o'r *Wawr*: 'Yng Nghymru heddiw mae sawl ardal nad oes iddi unrhyw ymdeimlad o gymuned dosturiol fel ag yn y gorffennol. Sut ydym mewn cenhedlaeth wedi newid cymaint i fod yn gymunedau lle nad oes neb yn malio dim am y rhai mwyaf bregus? A ydym yn rhy brysur?'

Wedi i weinidog awrymu ar bregeth mai 'cosb Duw yw afiechyd' anfonodd lythyr cadarn i rifyn o'r *Goleuad* gyda dafnau o fitriol yn gymysg â'r inc. Wedi'r cwbl, roedd Mari yn siarad o brofiad:

Rwyf wedi treulio cannoedd o oriau yn fy ngyrfa gyda phobl yn eu hwythnosau a'u dyddiau olaf sydd yn credu/ofni fod eu salwch yn gosb ac mae ceisio lliniaru peth o'u poen emosiynol annioddefol yn anodd iawn ac weithiau yn amhosibl ac yn achosi ing terfynol i'r person hyd yn oed yn eu horiau olaf. Mae'n drist fod pobl llawn argyhoeddiad yn credu'r pethau hyn – pobl, rhaid imi gredu, nad ydynt (diolch i Dduw) wedi cael unrhyw brofiad o ddioddefaint personol nac wedi cael y profiad o sefyll ochr yn ochr gyda theulu ac anwyliaid trwy salwch terfynol. Mae'n fwy o ofid fod rhai sydd yn credu hyn yng ngofal eglwysi ac yn cynnig gofal bugeiliol i rai sydd yn derfynol wael a'u teuluoedd. Ond efallai nad ydynt wedi cael y profiad o fugeilio'r bregus eto.

Y tro diwethaf imi alw heibio i gapel Waungoleugoed roedd hi'n fin nos o aeaf a'r adeilad yn rhwydd lawn. Elinor Bennett oedd yno, gyda'i thelyn, a'r un pryd yn adrodd peth o stori'i bywyd gan ddyfynnu o'i hunangofiant, *Tannau Tynion*. Doedd dim tâl mynediad ond ar ddiwedd y perfformiad fe gasglwyd swm hael iawn i gefnogi gwaith yr Hosbis lleol. Roedd yna funudau digon dwys yn ystod y cyfarfod – fel pe'n tanlinellu amcan y noson – pan soniodd Elinor, ond yn gynnil, fel bu iddyn nhw golli dau o'u plant, Geraint ac Alun, wedi blynyddoedd o ofal a chyfnodau mewn ysbyty. Ond roedd Mari ei hun yn eistedd â'i chefn ar y wal gefn – fel y bydd hi'n amlach na pheidio – yn gwylio ac yn gwrando, yn annog ac yn gwerthfawrogi. Hi, wrth gwrs,

38. Lerpwl, eto, a minnau newydd ofyn cwestiwn annisgwyl iddi.

oedd tu cefn i'r digwyddiad; unwaith eto, un o'r 'pethau gwahanol' sydd yn digwydd yng nghapel Waungoleugoed. Chwedl Meinir Llwyd, a oedd yno'r noson honno, 'Fedra i'm meddwl am neb arall fyddai wedi gallu perswadio fy mrawd a fy ngŵr i wisgo fyny fel bugeiliaid, a hwythau yn eu tridegau, ar gyfer oedfa'r stabal!'

Mae yna bobl, sydd nid yn unig yn dymuno gwneud gwahaniaeth ond yn llwyddo i gyflawni hynny ac i mi mae Mari yn eu plith. Nid fod pawb, bob amser, yn cytuno â'i hamcanion hi nac, o angenrheidrwydd, â'r amrywiol ffyrdd y ceir y meini i'r wal. Ond y cwestiwn a ofynnir amlaf o ddigon ydi, sut y mae'n bosibl i berson sy'n byw ar y fath gyflymdra gael amser i bawb a, rhywfodd, fod ym mhobman yr un pryd? Ond y cwestiwn can doler i mi ydi, sut mae'n bosibl i berson â gwyddoniaeth, ar un llaw, yn ffon fesur iddi, a chyda'r fath nifer o gwestiynau heb atebion, feddu ffydd mor sylweddol?

I mi, mae'r geiriau a ddefnyddiwyd i'w disgrifio hi ar y dechrau – 'byrlymus, brwdfrydig, eiddgar, sensitif, croesawus, amlwg weithgar a gostyngedig' – yn dal i sefyll ar ddiwedd y portread. Ond y mae rhagor i'w stori hi na hynny hyd yn oed, dybiwn i. Petawn i'n gorfod dewis yr amlycaf o'i nodweddion hi hwyrach mai'r gair 'brwdfrydig' a fyddai'n aros – yr *en theos* hwnnw sy'n golygu 'ffydd' yn yr ystyr ddyfnaf. Ac er ei bod hi'n ymdrechu – fel y gwn i'n dda iawn erbyn hyn – i fod yn agored i bawb ar bob achlysur, mae yna o hyd ryw gornel fach sy'n guddiedig rhag y byd. Hynny ydi, yr ystafell ddirgel i warchod y dwyster a'r tristwch a ddaw, weithiau, pan gaiff hi'i siomi mewn pobl neu ddigwyddiadau sy'n rhwystro'r weledigaeth rhag cerdded: 'Ydw, mi rydw i'n berson andros o sensitif'. Erbyn meddwl, hwyrach mai 'sensitifrwydd' ydi'r allwedd wedi'r cwbl. A waeth i Mari, y brysura'n bod, gael y gair olaf ddim: 'All un ohonon ni ddeud, yn gwbl onest, nad oes gynnon ni awr yr wsnos i'w sbario i gynnig help llaw i bobl lai ffortunus na ni? Y peth mwya' gwerthfawr y gallwn ei roi i'n gilydd, ac sy'n rhad ac am ddim, ydi ychydig bach o amser.'

Y Tad Dewi

W RTH ROI CNOC ar ddrws yr *Hermitage* ym mhentref bach Duleek yn Swydd Meath doeddwn i ddim yn siŵr iawn beth i'w ddisgwyl. Wedi'r cwbl, nid bob dydd y bydd dyn yn cwrdd â meudwy a chael ei groesawu i'w gell. Ond, fel y gwn i erbyn hyn, yr annisgwyl ydi hi gyda'r Tad Dewi yn aml iawn.

Y pnawn Sadwrn hwnnw daeth i'r drws yn ei wisg fynachaidd wen ac yn wên i gyd, 'Harri! Croeso mawr i chi!' a choflaid. 'Dowch i mewn.'

'A dyma'ch cartra chi, bellach?' holais, i gael y sgwrs i droi. Serch 'mod i'n gwybod yr ateb i'r cwestiwn cyn i mi ei ofyn.

39. Yn groeso i gyd.

'Mae o'n gartre ac yn gapel, yntê?' Roedd yn hawdd synhwyro hynny. Doedd yna allor wedi'i thaenu a tharth rhyw addoliad a fu heb lwyr glirio ac yn crafu'r llwnc. 'Ond mae gen i gapel bach yn ogystal.'

Bwthyn dan unto ydi'r 'Feudwyfa'– fel y bydd y Tad Dewi'n cyfeirio at y lle – ar fin y ffordd fawr sy'n arwain allan o bentref Duleek ac yn sefyll yng nghysgod adfeilion hen abaty Sant Kienan sy'n dyddio'n ôl i Oes y Saint. Yn nes ymlaen, mi fûm i'n cerdded tir yr abaty, a'r fynwent sydd yno, yn ei gwmni. I'r Tad Dewi roedd hi'n amlwg fod y tir yn ddaear sanctaidd a bod yr oll yn gysegredig.

40. Yn un o gapeli'r Abaty lle y dethlid yr offeren yn unigol. Yn cadw hen ddefod Garthiwsaidd o orwedd o flaen yr allor cyn ac wedi'r dathlu.

Meddai ar ei wefan, 'Agorodd Rhagluniaeth ddrws i mi i fan tawel, lle gall enaid orffwyso drwy dreulio ysbaid ger dyfroedd tawel a glywir yn arbennig pan ar eich pen eich hun ac mewn Unigedd.' Ond, hefyd, mae'r bwthyn yn fan lle gwahoddir pererinion i droi i mewn i ymlonyddu. 'Dowch i mewn ac oedwch,' dyna ydi'r gwahoddiad.

'Beth a ddaeth â chi yma?' holais.

'I Duleek, felly?'

'Ia.'

'Ro'n i eisiau dŵad yn ôl i Iwerddon, os oeddwn i'n gallu yntê? A ddaru'r esgob, Esgob Meath felly, fy nerbyn i i'w esgobaeth.' Ac yn y fan a'r lle dyma fo'n rhoi'i ben ar un ysgwydd a phlethu'i ddwylo, 'What about Duleek? Good place to be. Go for it!' Mae o'n ddynwaredwr i'w ryfeddu.

Meudwy ydi Dewi, ond meudwy sy'n byw'r bywyd mynachaidd gan gadw'r oriau gweddi penodol ynghyd â rhaff hir o'r gwasanaethau disgwyliedig.

'Mae'n golygu codi'n gynnar iawn,' eglurodd.

'Pa mor gynnar?' Ro'n i'n ei ddychmygu'n rhoi'i larwm i larmio am chwech a chodi'n fuan wedyn.

'Mi fydda i'n codi bob nos am dri.'

'Am dri!'

''Dach chi'n gweld, yn ystod oriau'r nos mae hi'n gwbl dawel yma ac mae rhywun yn clywed Duw.' (Mewn rhaglen deledu Saesneg mae gen i gof iddo ddefnyddio delwedd gyfoes iawn, 'lawrlwytho'r Hollalluog'.) 'A swydd y mynach ydi cynnal y byd, drwy addoliad a defosiwn, tra mae'r gweddill yn cysgu.' Fe bwysleisiodd hynny, fwy nag unwaith, yn ystod y deuddydd cofiadwy y bûm i yn ei gwmni.

A ninnau'n dau erbyn hyn yn sefyll wrth yr allor yn y capel mawr roedd hi'n amlwg na fu'n edifar ganddo, unwaith, am iddo yn hogyn ysgol droi'i gefn ar gapel, ymuno â'r Catholigion a threulio deugain mlynedd, mwy neu lai, yn fynach.

''Dach chi'n gweld, yma yn yr Eglwys Gatholig mae'r gogwydd yn fwy ato Fo, tydi?' a chodi'i fys i entrych nef. O un a dreuliodd ddeng mlynedd mewn distawrwydd mae'n siaradwr egnïol ryfeddol, yn perfformio'i sgwrs yn ogystal â'i llefaru. 'Y bywyd mewnol, dyma ydi grym yr Eglwys Gatholig,' a phlygu i'w hanner. 'Mi 'dach chi, mewn ffordd, yn siarad mwy hefo Duw nag hefo dyn. Mae'r pwyslais ar y fertigol, ar y dwyfol, yntê?' a phwyntio at i fyny unwaith eto.

Un ysgafn o gorff ac un gweddol fyr ydi'r Tad Dewi, o bryd golau ac yn weddol lwydaidd ei wedd. Ond hwyrach mai gwynder ei wisg a rydd yr argraff honno neu iddo

41. Bywyd teulu gyda'i nai a'i nith yng Nghymru – Owain Elidir a Siwan Elenid.

42. A'r cyferbyniad, Y Tad Dewi – yr un sy'n dilyn – yn cerdded tua'i gell yn Abaty La Chartreuse de Sélignac, Mehefin 1981.

dreulio cymaint o'i flynyddoedd mewn mynachlogydd, allan o olwg haul a thywydd garw. Fel corffyn, ymddengys i mi mor ystwyth â walbon, yn ymgrymu a phenlinio yn ôl y gofyn ac weithiau'n llorwedd o flaen yr allor. Mae'i gerddediad yn fân ac yn fuan, gyda'i ddwylo weithiau ymhleth o'i flaen ac yntau'n ymgrymu ychydig.

O wybod ei fod yn feudwy peth annisgwyl imi oedd gymaint oedd ei ddibyniaeth ar ei wats. Dyna fo, dibyniaeth ar y gloch fyddai hi petai'n dal yn fynach mewn abaty. Mae i'w ddiwrnod prysur batrwm manwl iawn; yn ymestyn o ddathlu'r plygain yn union wedi codi hyd at y cwmplin am saith yr hwyr cyn mynd i orffwyso. Mae'n golygu gweinyddu'r offeren fwy nag unwaith yn ystod y dydd – yn Gymraeg ar dro ond yr un Ladin yn ddyddiol ac yn breifat. Ond am rai oriau penodol – a bellach fe ŵyr y bobl leol pa rai ydi'r oriau hynny – mae'r Feudwyfa'n troi'n dŷ agored, i wrando cyffesion neu i rai gael ymuno yn yr offeren.

Ac felly y bu pethau'r pnawn hwnnw. Wedi sgwrs weddol fer wrth yr allor bu'n rhaid rhoi taw ar bethau a mynd ati i glirio'r deciau. Er ei bod hi'n bnawn Sadwrn roedd yna wasanaeth i'w gynnal a chynulleidfa'n dechrau ymgynnull. Os cofia i'n gywir tua dwsin a ddaeth yno y pnawn hwnnw ac yn eu plith ddau was allor bychan, wedi'u dilladu i'r gwaith, un yn arogldarthu'i hochr hi a'i frawd yn estyn hyn ac arall i'r offeiriad yn ôl y gofyn. Ar derfyn yr awr o addoliad roedd y mamau ifanc a oedd yno'n hael iawn eu teyrngedau i'r Tad Dewi. Ac i mi, roedd acenion Meath yn hyfryd i'r glust:

43. Yn Eglwys San Michael yr Archangel, Staholmog, gyda John ac Annmarie McKeever o Ardee a'u plant, John-Luke, Justin ac Anna-Lucia. (Ar achlysur Cymun cyntaf Justin.) Mae'r teulu yn golygu llawer i'r Tad Dewi a bu John yn gymorth hawdd i'w gael i minnau wrth baratoi'r bennod hon.

'Father David is a man that is not contaminated by the world.'

'So many of us live in the world, and we are so immersed in it. But here we can take a step back.'

'Father David is no ordinary priest.'

44. O ochr ei dad. 'Nain Pantyno', Cemaes, Maldwyn, yn ei du trwm ac Alun yn faban.

O sôn am yr annisgwyl, mae hanes ei dröedigaeth yn hogyn ysgol yn un cyfareddol. 'Yn dair ar ddeg, roeddwn i'n ymwybodol fod yna rwbath ar goll, yntê? Mae gen i gof am fynd i'r Offeren Fawr a dod yn ymwybodol o'r Presenoldeb, a dychwelyd yno'n aml i'w synhwyro drachefn a thrachefn. Yn bedair ar ddeg, yn sicr yn bymtheg oed, roeddwn i wedi penderfynu troi'n Gatholig.'

Ganwyd Alun Idris, dyna'i enw'n blentyn, yng Nghaerdydd yn Nhachwedd 1953 a'i fagu, fel ei unig frawd, Huw, yn y brifddinas. Ond roedd gwreiddiau'r rhieni ym Maldwyn: ei fam, Olwen, yn ferch siop yn Llanfyllin a'i dad, y diweddar Idris Jones, yn fab ffarm yn ardal Llanwddyn. A magwraeth capel fu hi: Huw yn mynd gyda'i dad i Ebeneser, un o eglwysi'r Annibynwyr yng Nghaerdydd, ac Alun yn dilyn ei fam i'r Tabernacl at y Bedyddwyr.

Mae'n debyg i'r paratodau ar gyfer Ymgyrch Efengylaidd fawr Billy Graham yn 1967 gael cryn ddylanwad arno. 'Tröedigaeth fewnol' ydi'r disgrifiad a geir mewn rhagair i un o'i gyfrolau. Ond cred Huw, ei frawd, mai'r cychwyniad oedd dod i gysylltiad â grŵp efengylaidd, wedi iddo, am resymau iechyd a phellter ffordd, symud o Rydfelen i Ysgol Cae'r Castell yn nes i'w gartref. Un a oedd yn agos iawn at Alun, bryd hynny, oedd y Barnwr Dewi Watcyn Powell, ei athro Ysgol Sul ar y pryd. Meddai Nia, ei ferch:

Ystyriai fy nhad, er mai Bedyddiwr oedd, yn 'dad ysbrydol' iddo. Trwy gydol y gwahanol gyfnodau yr aeth trwyddynt, byddai'n cysylltu'n gyson efo 'nhad – gan gynnwys y cyfnod pan gâi Alun hi'n anodd i ufuddhau i rai o reolau'r urddau catholig yr oedd yn aelod ohonynt (ei wahardd, er enghraifft, i ysgrifennu barddoniaeth). Dywedai 'nhad bob amser bod Alun yn Babydd am resymau Protestannaidd – oherwydd ei ddewis ei hun, ac nid o ufudd-dod. Byddai hefyd yn dweud bod 'natur Ann Griffiths' ynddo.

Cafodd ei fedyddio yn y Tabernacl ar Sul 8 Hydref 1967 a'i dderbyn yn aelod o'r gynulleidfa y Sul dilynol. Mi fyddai hynny fis cyn iddo gyrraedd ei bedair ar ddeg oed. Ond cyn hynny, yn hogyn tair ar ddeg oed, aeth ati i ddarllen yn eang, hanes y saint yn arbennig, a dod, 'yn reddfol' chwedl yntau, i deimlo mai yn yr Eglwys Gatholig roedd ei 'deulu ysbrydol' yn byw ac nid gyda'r Bedyddwyr Cymraeg yn yr Ais. Dechreuodd fynychu'r offeren gan gefnu, fwy neu lai, ar yr oedfaon yn y Tabernacl. Ond dydi Alun byth yn ddibris neu'n gondemniol mewn unrhyw ffordd o'i fagwraeth grefyddol; i'r gwrthwyneb, wir. Fel y deudodd o wrtha i y pnawn hwnnw, 'Gweinidog hefo'r Bedyddwyr fyddwn i wedi bod, mae'n debyg. Oni bai!'

A dyma atgofion yr Athro Densil Morgan amdano pan dreuliodd y Tad Dewi ddwy flynedd ym Mangor, 1989-1991, yn astudio am radd mewn diwinyddiaeth:

> Er mai Pabydd oedd Alun, Pabydd a faged yng Nghapel y Tabernacl, Caerdydd, ydoedd! Nid ymwrthododd â'i wreiddiau ym Mhrotestaniaeth Feibl-ganolog y Gymru gapelgar, ond yn hytrach ymorchestodd ynddynt, yn fwy

45. Meirion, brawd hynaf tad Dewi, Mair ei briod, a'u mab, Delwyn.

46. Ochr ei fam. Taid a Nain Llanfyllin, Olwen, eu merch a'i mab Alun.

felly o lawer na rhai na adawsant Ymneilltuaeth erioed. Mewn gwirionedd roedd 'catholigrwydd' yn fwy na slogan iddo, ac felly yr erys o hyd. Byddai'n mynychu'r cyfarfod gweddi nos Lun yng Nghapel Penuel a'r dosbarth beiblaidd, a'i gyfraniad bob amser yn gofiadwy.

Eto, am ei ddireidi'n blentyn y bydd amryw yn sôn. Fel 'creadur bywiog iawn, yn tueddu i fynd o un *craze* i'r nesaf', y mae ei frawd hŷn yn ei gofio. 'Ac wedyn fe ddaeth y drymiau! O rywle daeth y syniad ei fod eisiau set o ddrymiau, ac fe'u cafodd – eu prynu ei hun gyda'r pres a gafodd am actio mewn drama radio – a'u chwarae yn ei lofft nes gyrru pawb yn wallgo.' A serch ei fynachaeth, deil y direidi hyfryd hwnnw i ddod i'r wyneb – a'r egni mawr yn ogystal.

Un pnawn fe ges i sgwrs gyda'i fam, sy'n byw yng Nghaernarfon, am y cyfnod trawmatig yn hanes y teulu pan benderfynodd Alun newid traddodiad. Roedd y newid cyfeiriad yn hanes ei mab ieuengaf yn un anodd ei dderbyn. Mae hi'n cytuno mai ffrwyth darllen dwfn, ac yna dylanwad y Benedictiaid a ofalai am y plwyf yng Nghaerdydd, a barodd ei dröedigaeth. Mae hi'n cofio'n dda fel y bu i Alun, yn ddwy ar bymtheg oed, ar Sadwrn y Pasg 1971 – y *Sabbatum Sanctum* Pabyddol – deithio yng nghwmni'i dad mor bell ag Abaty enwog Ampleforth, yng ngogledd Swydd Efrog, i gael ei dderbyn i'r Eglwys Gatholig.

Ond roedd mwy i'w dröedigaeth o na hynny. Mewn geiriau eraill, roedd hi'n fwy llwyr. Yn hogyn ysgol hyd

47. Alun yn hogyn ysgol. Un gwahanol, meddir, a direidus medd ei fam.

48. Graddio ym Mangor haf 1991. Yr Athro Densil Morgan yn eu canol, yn amlwg fodlon ar y canlyniadau.

yn oed – ac anodd i un fel fi goelio hynny, hwyrach – fe deimlai awydd cryf i fod yn fynach. Yn dair ar ddeg oed, fel yr eglurodd i mi, roedd o'n argyhoeddedig mai bywyd Sant Ffransis oedd yr agosaf un at ffordd yr Efengyl a theimlai'n gryf y dylai yntau ddilyn ei esiampl yn y fan a'r lle. Yn wir, ei fwriad, unwaith y byddai wedi cwblhau'i addysg uwchradd oedd ymuno'n unionsyth â chymuned o Fynaich Benedictaidd yn Abaty Prinknash yng nghyffiniau Caerloyw – cymuned a oedd yn hawlio ymgysegriad pur lwyr. Ond bu pwysau arno i ymbwyllo peth.

Serch ei frys i fod yn fynach, yn feudwy wir, wedi cwblhau ei addysg oedodd ddau dymor yn ychwanegol yn yr ysgol iddo gael meistroli'r iaith Roeg. Bu'n ffodus i gael rhieni oedd yn ieithyddion medrus ac yn athrawon iaith wrth eu galwedigaeth. Dyna o ble, mae'n debyg, y daeth chwaeth y Tad Dewi at ieithoedd a'i allu rhyfeddol yntau i'w meistroli. 'Mae gen i gof pan oeddwn i yn yr ysgol,' meddai, 'mai Ffrangeg oedd iaith te nos Lun am gyfnod.' Nid rhyfedd yn y byd felly fod Groeg a Lladin yn ddau bwnc a astudiodd yn y Brifysgol yn Aberystwyth.

Hwyrach fod rhai ar y pryd – ond dyfalu ydw i – wedi mynd mor bell â gobeithio y byddai dyddiau coleg, naill ai yn oeri'i sêl at Gatholigiaeth neu hyd yn oed yn lladd ei awydd i fod yn fynach. I'r gwrthwyneb y bu hi: y sêl yn dyfnhau a'r syniad o alwad yn cryfhau. Un rheswm am hynny, a'r pennaf ohonynt mae'n debyg, oedd mai yng Ngholeg Mair yng Nghastell Brychan roedd ei lety ac mai'r Tad John FitzGerald oedd y warden yno. Yn ychwanegol at fynychu'i ddarlithoedd mewn Athroniaeth, roedd Alun yn byw 'bron drws nesaf at ei ystafell'. Gwasanaethai fel gwas allor iddo pan weinyddai offeren ac âi ato i'w ystafell ar nos Sadwrn ar gyfer y gyffes wythnosol – a allai barhau am 'awr neu ddwy, neu hyd yn oed am deirawr'. (Beth bynnag am yr Hollalluog, roedd hi'n amhosibl, meddir, i gael sgwrs fer gyda'r 'Tad Fitz'.) Ym marn Dewi, bu ei ddylanwad arno yn un 'rhagluniaethol'. Gadawodd y Coleg yn fwy eirias ei awydd nag erioed i gael dechrau ar ei bererindod. Yn union wedi iddo glywed am farwolaeth y Tad FitzGerald ysgrifennodd bortread ohono ac anfonodd gopi i mi:

Cofiaf fel y ddoe sut y dringais y tro cynta'r llwybr cul i Goleg Mair ryw fin nos adeg eistedd arholiadau i'r Brifysgol i ddod wyneb yn wyneb â'r dyn y dywedwyd

eisoes amdano gan fy mrawd, a fu'n sgwrsio ag ef ryw
dro ynghynt, ei fod yn "hynod o foi clên". Daeth polyn
lein yn wên o glust i glust at ddrws y Castell ar y bryn,
yn ei wisg Garmelitanaidd, rywfaint yn wahanol i'r wisg
Fenedictaidd yr oeddwn yn arfer â'i gweld . . . O un
ochr rhaid oedd i'r Tad Fitz fy narbwyllo rhag cael fy
nylanwadu'n ormodol gan y Tad Barnabas (yr ymwelwn
ag ef yn ei feudwyfa yn Sir Drefaldwyn) ar y naill law a
chan fy nghyfeillion agos yn y Mudiad Efengylaidd ar y
llall. Wrth edrych yn ôl rhyfeddaf sut y bu Rhagluniaeth
yn garedig wrthyf yn gosod enaid o gytbwysedd a
dirnadaeth y Tad FitzGerald ar fy llwybr yn ystod y
blynyddoedd allweddol hynny.

49. Gyda'i rieni yn Abaty
La Grande Trappe yn 1984.

Newydd droi'i dair ar hugain oed oedd Alun Idris pan ymunodd o â chymuned o fynaich yn Sélignac yn agos i Bourg-en-Bresse yn Ffrainc. Bu'n sôn wrtha i am lymder y ddisgyblaeth mewn lle felly; nid i gondemnio ond i ganmol. A minnau, o glywed ei stori, yn hofran rhwng euogrwydd a diolchgarwch o gofio am fy mhenrhyddid i pan oeddwn innau'r un oedran. Yn Sélignac, codai i godi eraill o'u hychydig gwsg 'chwarter awr cyn canol nos'. Doedd dim bwyd na diod i'w gael yno hyd wedi canol dydd a bara dŵr oedd hi ar ddyddiau Gwener a dyddiau ympryd. I osgoi unrhyw ymgomio a chyfeillachu, yn arferol deuai'r pryd iddo drwy dwll ym mur ei gell. Os oedd cysylltu'n wir angenrheidiol anfon gair byr ar bapur oedd y rheol. Ond yr hyn a'm hanesmwythodd i'n fwy na dim arall, ac anesmwytho ydi'r gair, oedd y 'defnyddid y chwip ar nos Wener, yn breifat, ac yn gyhoeddus ar y Sul, os torrid Rheol y Distawrwydd'. Yna, 'gwely caled', chwedl yntau, am chwarter i saith yr hwyr.

50. Yn cerdded am unigedd ei gell.

Serch pob croeso a gafodd yno, fel 'lle caeth a chaled' y mae ei frawd, Huw, yn meddwl am Sélignac, 'y rheolau'n cael eu gweithredu ar eu llymaf a llawer o'r brodyr yn hen. Dw i'n cofio teimlad o ryddhad rhyfeddol pan biciais i oddi yno ar ôl swper ryw noson a threulio hanner awr mewn caffi bach gwerinol yn y dref agosaf'.

Bu yno am dymor o saith mlynedd cyn cael ei orfodi i adael. Ond stori i'w hadrodd gan bwyll ac yn nes ymlaen ydi honno. Yn wir, ei gŵyn yn erbyn y Carthwsiaid yn Sélignac oedd nid gormod o ddisgyblaeth ond nad oedd

51. Gyda'i fam yn Abaty La Grande Trappe.

yn ddigon llwyr. Roedd yno deirawr a hanner o grwydro yn yr awyr agored ar ddydd Llun, gyda hawl i sgwrsio, ac ar bnawniau Suliau eid mor bell â llacio ychydig ar y rheolau – wel, am gyfnod byr. Ond i'r nofydd ifanc, a oedd am fod yn gyson ac yn llwyr mewn cymdeithas â'i Dduw, roedd hyn yn torri ar y bwriad ac yn newid y cyfeirad ar ei gwmpawd. A serch pob tyndra a fu, deil i hiraethu am yr hyn a gafodd yno. Meddai mewn soned:

The sound of Sélignac has come afar,
And other sounds have gone . . .

Daeth y Tad Dewi i Duleek yn 2007, bron chwarter canrif wedi gadael Sélignac – wedi cryn bererindota o abaty i abaty – i chwilio am ei gariad cyntaf, y feudwyaeth a gollodd. Ond mae yna wahaniaethau. Bellach, mae'n feudwy o dan oruchwyliaeth esgob yn hytrach nag abad, ac

52. Y bardd yn ei weithdy yn llyfrgell La Chartreuse de Sélignac.

53. Ei urddo'n offeiriad yn y Gadeirlan yn Siena, noswyl yr Holl Saint, 31ain o Hydref 1997 yn ystod ei arhosiad yn Abaty Sant'Antimo yn Nhysgani.

yn byw'r bywyd meudwyaidd ar ei ben ei hun yn hytrach nag fel rhan o gymuned. Ond mae yna, bellach, lanw newydd i warchod rhagddo. Mewn cyfres deledu o'r enw *Spirit Level*, a ffilmiwyd gan RTE One, fe'i disgrifiwyd fel un a ddaeth i Duleek i chwilio am unigedd ond sy'n methu â pheidio â denu tyrfaoedd. A dyna'r annisgwyl unwaith eto.

Erbyn hyn, mae'r Tad Dewi'n feudwy sy'n mynd allan yn ogystal. 'Mae rhywun, bellach, yn feddyg teulu yn ogystal â bod yn llawfeddyg eneidiau'.

Yn y telediad, fe'i gwelir yn cael ei gyfweld mewn arch-farchnad fechan yn Duleek, lle mae'n gwsmer. Meddai, 'Ddwywaith neu dair mewn wsnos mae'n rhaid i mi fynd allan i siopio, i gael yr hanfodion a phostio ambell i lythyr'. O'r herwydd, daeth yn ffigwr adnabyddus yn y pentref a thu hwnt. Erbyn hyn, cadw'r cydbwysedd sy'n bwysig iddo; cadw'r llanw rhag chwalu'r muriau. A phan awgrymais i

54. Wele, yr wyf yn sefyll . . .

. . . Ac agorwyd y drws.

hynny iddo, aeth ati'n syth i ddynwared (i guddio'i swildod, hwyrach, am i mi ei ganmol) a'r acen unwaith eto'n taro deuddeg: plant yn sibrwd wrth ei gilydd, 'T'ere goes the monk', a'r oedolion yn ei gyfarch, 'Top of the mornin' to ye, Father'.

At ddiwedd y rhaglen, ac yntau wedi dychwelyd i'r *Hermitage* o fod yn siopio, fe'i ffilmiwyd yn codi bag plastig i'w freichiau ac yn troi at y camera, 'Newydd ddychwelyd, rai munudau'n ôl, ac roedd yna fag o rywbeth neu'i gilydd ar garreg y drws. Mae peth fel hyn yn hyfryd, yn Wyddelig'. Ac meddai Joe Duffy, y cyflwynydd, wrth gloi'r rhaglen, 'Ma' rwbath yn deud wrtha i y bydd o'n dod o hyd i fwy o fagiau neges, llawnion, ar garreg y drws wedi'r ffilm yma!'

O fy ychydig brofiad i, mi wn y gallasai peth felly fod yn ddim mwy nag act wedi'i rihyrsio ymlaen llaw i greu teledu da. Ond fe ddigwyddodd yr un peth yn union y

55. Mae Abaty hardd La Chartreuse de Sélignac yn 'dŷ ar y graig' – yn llythrennol felly.

mis Awst roeddwn i yno; dau bryd bwyd wedi'u gadael ar yr un garreg y drws, ac yn ddienw. Fe'm sicrhawyd i gan rai o'r pentrefwyr hefyd fod hyn yn digwydd iddo gyda chysondeb. Ambell dro bydd dillad – a'r rheini'n ei ffitio i'r fodfedd, meddir – yn disgwyl amdano wrth y rhiniog. Yn amlach na pheidio, llefrith ydi'r unig anghenraid y mae'n rhaid iddo'i brynu. Finnau'n methu â pheidio â meddwl am hanes y proffwyd Elias yn Llyfr Cyntaf y Brenhinoedd a chigfrain yn dod â chig a bara iddo fore a hwyr. Fel yr eglurodd ar y rhaglen, ar y gwastad yna y mae yntau'n dehongli'r cymwynasgarwch, 'Dyma ydi daioni Dduw yn dod imi drwy gyfryngau dynol'.

Ond mae'r mynd allan yn golygu llawer mwy iddo na phrynu carton o laeth. Yng nghanol y nawdegau, ar awgrym cyfaill iddo, ymunodd y Tad Dewi â'r Canoniaid Gwyn yn Sant'Antimo yn Nhysgani a chael ei ordeinio'n offeiriad.

Mae'n gwerthfawrogi'n fawr i'w frawd fod yn bresennol ar yr achlysur. Yn wir, dros y blynyddoedd ymwelodd Huw â rhyw bedair o fynachlogydd gwahanol, mewn tair gwlad wahanol, 'pedair yn fwy nag y baswn i wedi eu gweld fel arall, mae'n siŵr'.

Roedd cael ei ordeinio i'r offeiriadaeth yn agor byd newydd iddo ond, yn fwy na hynny, yn rhoi cyfeiriad newydd i'w waith. Fel yr eglurodd wrth ohebydd y *Meath Chronicle*, fel offeiriad mae hi'n ddyletswydd arno fynd â'r fendith a ddaw iddo drwy ymneilltuo allan at eraill.

Mae ei frawd wedi cael ei synnu gan yr ymateb y mae'n ei ddenu. 'Y tro cyntaf yr es i Sant'Antimo, cyn mynd i'r fynachlog, mi es i i gaffi yn y pentre cyfagos ac archebu pizza. Dechreuodd y perchennog holi pwy oeddwn i a pham mod i yno, ar fy mhen fy hun, allan o'r tymor ymwelwyr.

56. Mynwent y mynaich yno. 'Nid oes ar y croesau sydd ar feddau'r Carthiwsiaid', medd Dewi, 'nac enw na dyddiad – yn angof yn angau fel yn eu hoes'.

Pan eglurais, doedd wiw i mi feddwl am dalu am y pizza – roedd brawd Padre David yn westai anrhydeddus dros ben.'

Ond y ffordd orau o ddigon i ddod i wybod am ei argyhoeddiadau a'i weithgareddau ydi deffro'r cyfrifiadur a theipio'r byrfodd *frdavidjones.com* i grombil hwnnw. Fe ddaw yna wyddoniadur o wybodaethau amdano i'r sgrin, yn fideos a lluniau lu. A dyna i chi'r annisgwyl arall, meudwy a chanddo wefan lwythog, lawn. Doedd yna ddim golwg o set radio na theledu yn y bwthyn, a chyn mynd i glwydo am wyth yr hwyr fe fydd y Tad Dewi'n tynnu'r ffôn oddi ar ei golyn. Distawrwydd llwyr fydd hi wedyn a'r 'hedd na ŵyr y byd amdano'. Serch hynny, mae'n teimlo dyletswydd i ddefnyddio cyfryngau cyfoes i rannu'i weledigaeth. A choeliwch fi, gyda chymorth un o'i edmygwyr, mae'n gwneud hynny'n effeithiol dros ben. Onid oedd y Pab Bendedict (fel yr un presennol, y mae'n ddiamau) wedi dechrau trydar yn ei hen ddyddiau – a hynny yn yr iaith Ladin?

Wn i ddim faint yn ein plith ni, Gymry Cymraeg, a ŵyr fod y Tad Dewi yn fardd o bwys, ac iddo gryn enw oddi mewn i'r traddodiad Catholig. Yn fwy na dim, ystyrir fod ganddo'i lais ei hun. Y symbyliad iddo, yn nechrau'r wythdegau, oedd llunio emyn i gyd-fynd â thôn roedd ei fam wedi'i chyfansoddi. Ond yn ystod ei gyfnod yn Sélignac y cydiodd y 'clwy barddoni' ynddo o ddifrif, ac nid oes gwella arno bellach.

Mewn cwta ddeng mlynedd ar hugain, cyfansoddodd 'David Jones', a dyna'i enw barddol, dros fil o gerddi –

57. Wrth ei ddefosiwn. Llun a dynnwyd heb yn wybod iddo gan un a oedd ar enciliad yn Abaty Sant'Antimo. Meddai Dewi, 'Arferir aros mewn gweddi am gyfnod sylweddol wedi'r Offeren Fawr yn y bore, fel wedi'r Plygain yn y nos'.

sonedau'n bennaf – a'u cyhoeddi'n chwe chyfrol swmpus a allai gadw unrhyw ddrws rhag cau cyn pryd. Un peth gweddol anarferol ydi y ceir cerddi Cymraeg, Lladin a Saesneg oddi mewn i gloriau'r un llyfr, a'u teitlau, ar dro, mewn iaith arall. Ond yn ogystal, mae'i gyfrolau – yn arbennig y rhai cynharaf – yn ddyddiaduron sy'n cofnodi'i brofiadau. Y profiad, ar gyfnodau, o orfod cerdded trwy ddyffryn tywyll du. Ond mae ganddo hefyd doreth o gerddi am gael ei dywys gerllaw'r dyfroedd tawel a theimlo'i gwpan yn llifo drosodd.

Yn fuan ar ei bererindod daeth yn adnabyddus, heb chwennych hynny, mewn dadl ynghylch hawl mynach i farddoni. (Ond hwyrach mai gwylio'i ffilm ddogfen, ddwyawr, *The Threshold of Paradise*, a saethwyd yn yr

58. Gweinyddu'r offeren gyda'r Esgob Edwin Regan yn Douai, offeiriadon lleol yn cynorthwyo. Sibrydodd yr Esgob, 'Mae fel yr hen ddyddiau'. Bu Dewi'n Was Allor iddo yn Y Bontfaen yn nechrau'r saithdegau.

Hermitage, 21 Gorffennaf 2011, ydi'r cyfrwng gorau i ddeall hanfod y ddadl honno.) Tra yn Sélignac gofynnwyd iddo losgi neu ddinistrio'i waith. Ond yna cytunwyd y byddai'n ddigonol iddo roi'r cynnyrch o'r neilltu a pheidio â barddoni mwy.

Yna, wedi saith mlynedd o fod ar brawf, penderfynwyd nad oedd ei alwad yn un wirioneddol Garthiwsiaidd a bu'n rhaid iddo adael yr abaty. Mudodd yntau at urdd arall, y Sistersiaid, yn La Trappe ac ailafael ynddi. Ond wedi dwy flynedd yno dyfarnwyd, unwaith eto, nad oedd barddoni a bod yn fynach yn cyd-fynd. Cododd ei bac, unwaith yn rhagor, a symud i Roscrea yn ne Iwerddon, at gymuned o'r un teulu, ond yn un fwy goddefgar. A dychwelodd yntau at ei ganu. Mae o, ym marn ei frawd, yn un sy'n barod i ddadlau, a diffinio blaenoriaethau yn ôl ei oleuni ei hun. 'Yn hynny o beth, fel mewn rhai pethau eraill, ei broblem falle yw ei fod yn dal yn ormod o anghydffurfiwr i fod yn Babydd wrth reddf.'

58. Pryd o fwyd yng Ngholeg St Jean, Douai, yn ystod y bererindod, ac yn westeion Cymdeithas William Allen. 'Dewi', meddai Sue Roberts, 'am ei fod mor rhugl ei Ffrangeg yn awyddus i eistedd gyda'r Ffrancwyr'.

Erbyn imi gyrraedd at yr olaf o'i gyfrolau, *Alpha and Omega*, a phori drwy'r cerddi sydd ynddi – nid 'mod i'n feirniad barddoniaeth o unrhyw safon – cefais y teimlad fod yr hinsawdd wedi newid ac yntau'n dychwelyd mwy at ei wreiddiau. Yn 2010 bu Pryderi Llwyd Jones, a nifer eraill, ar bererindod yn ei gwmni i Douai a Fflandrys i gofio pedwar canmlwyddiant merthyrdod y Sant John Roberts o Drawsfynydd. Bu'r gwmnïaeth yn brofiad cofiadwy i Pryderi: 'Y bwrlwm yn ei sgwrsio, yr angerdd yn ei ddarllen cyhoeddus o'i farddoniaeth, y diddordeb byw mewn pobl. Nid yw rhywun yn cysylltu mynach ag enaid aflonydd – ond mae'n egluro pam na allai aros yn fud am oes. Mae'n anodd cadw argyhoeddiad mor ddwfn yn dawel na chadw moliant yn llwyr o fewn muriau'.

Ond a ddaw o'n ôl i Gymru ydi'r cwestiwn can doler. Y cwbl a wn i ydi iddo ddychwelyd i Gymru fwy nag unwaith i chwilio am borthladd o sŵn y storm a'i chlyw pan oedd y rhwyfo'n galed. Cyn i'w gyfaill, y diweddar Anthony

60. Darllen ei weddïau ym Maes Awyr Manceinion ar y daith allan i Frwsel adeg y bererindod.

61. Helpu'r Brawd Brendan i dorri'r borfa yn Abaty Roscrea, Tipperary a'r ddau'n mawr fwynhau'r hwyl. Chwedl Huw, 'Er gwaetha ei ewythr, ei gefnder a'i daid, doedd yna ddim elfen ffarmwr yn Alun'.

Crockett, a oedd yn Esgob Bangor ar y pryd, farw'n gynamserol bu cynlluniau ar y gweill gan y ddau i sefydlu math o 'dŷ gweddi yng nghalon y Gymru Gymraeg'. Byddai Enlli, hwyrach, neu gefn gwlad Maldwyn wedi bod at ddant y Tad Dewi. Ond bu claerineb arweinwyr y Catholigion yma yng Nghymru yn siom ac yn loes iddo: 'A ydi Catholigion Cymru wedi deall o ddifri wir ystyr pontio? Cyhyd ag y bo diffyg gweld yr angen am ymwreiddiad yn iaith a diwylliant y wlad, estron i enaid Cymru fydd yr Eglwys Gatholig'. Ac meddai Sue Roberts amdano – hi a arferai ei gludo i'r Offeren Gymraeg yn y Bont-faen pan oedd ar ddechrau'i bererindod –'Teithiodd i bellafion cilfachau ei ffydd ac mae wedi cysegru ei oes iddi. Yn offeiriad yn Iwerddon, mae'n dyheu am weld Cymru'n dychwelyd at ei hen wreiddiau.'

62. Darllen ei farddoniaeth ar ôl swper yn y gwesty yn Douai mewn noson lawen anffurfiol.

Un tro, wrth hwylio allan o Gaergybi daeth cerdd i'w feddwl ac fe'i galwodd yn 'Tua'r Gorllewin'. Mae cwpledi clo'r soned honno'n awgrymog ddigon:

Ac os bu gwawr rhwng rhyw ddoe yn rhyfedd ffôl
Yng ngwynfyd llanc, mi wn mai'n ôl y dof,
Nid at y bryniau hyn sy'n ymbellhau,
Ond at y llefydd ynom sy'n parhau.

Ond fel yr eglurodd Huw i mi, 'Prif ddymuniad y teulu ar hyd yr adeg fu ei weld â'i feddwl yn dawel ynglŷn â'i amgylchiadau a'i leoliad personol. Felly, i ni, dyna'r flaenoriaeth.'

63. Olwen Jones a mynaich Abaty Sant'Antimo.

Na, doedd dilyn y Chevrolet i gyfeiriad Slane y bore Sul hwnnw yn Awst 2011 ddim yn waith hawdd. A dyna'r annisgwyl eto, meudwy, nid yn berchennog car – eiddo'r esgobaeth oedd hwnnw – ond yn gyrru un, a hynny'n fywiog ddigon. Hwyrach ein bod ninnau wedi anhwyluso pethau iddo ac oedi'n ormodol cyn cychwyn ar y siwrnai. Mae gen i gof ei weld ar ffilm, unwaith, yn taenu dŵr sanctaidd dros gerbyd cyn i hwnnw gychwyn ar daith ond wn i ddim a oedd hynny wedi digwydd yn hanes y Chevrolet cyn iddo'i danio. Roeddem ni o dan wahoddiad i ddilyn y Tad Dewi i'w wrando a'i wylio'n dathlu Offeren Ladin yn Eglwys Sant Michael yr Archangel, Staholmog, mewn rhan wledig o blwy Kilbeg.

I un a fagwyd ar y traddodiad anghydffurfiol roedd y gwasanaeth yn un estronol i mi; y siantio a'r porthi, yr ymgroesi a'r moesymgrymu a fy Lladin ysgol a choleg innau wedi hen rydu. Eto, roedd yr awyrgylch a deimlwn yn

64. Michael Smith, Esgob Meath: 'Bu presenoldeb y Tad Dewi yn ein Hesgobaeth yn gyfrwng gras a bendith. Serch ei fod yn byw bywyd o ymgysegriad llwyr i weddi a neilltuaeth fe â llawer ar ei ofyn. Mae ei ddrws, ei galon a'i ddoethineb bob amser yn agored iddynt'.

canu cloch imi ac yn fy nghario'n ôl i Lŷn fy mhlentyndod. Cynulleidfa wledig oedd hi, heb orwisgo, a'i defosiwn yn swnio'n ddiffuant ddigon. Hwyrach iddo grisialu fy mhrofiad innau, ddyddiau a fu, wrth gloi'i soned i 'Offeren Cefn Gwlad':

Lle bu i eraill ddod, i eraill fod
Yn cyffwrdd am eiliedyn wreiddiau Bod.

Roedd rhwyddineb y gynulleidfa gyda'r Lladin, a oedd tu hwnt i'w deall mae'n debyg, yn rhyfeddod i mi. Ond roedd y Tad Dewi ei hun yn ei elfen ac yn ei morio hi. Wedi'r cwbl, mae'n gredwr cryf mewn diogelu'r Offeren Ladin ac, os yn bosibl, ei hadfer. Roedd maint y gynulleidfa'n awgrymu i mi fod yna nifer yn cytuno ag o. Meddai am addolwyr o'r fath, 'Iddyn nhw mae'n brofiad cyfriniol, iaith wahanol. Ac mor wahanol i fywyd bob dydd.' Wir?

Syndod arall i mi y bore hwnnw oedd y nifer a ddaeth ymlaen ato i gyffesu ar diwedd yr Offeren; cryn ddeugain ddywedwn i. Roedd hi'n gyffesgell agored iawn: sedd y naill ochr i'r allor gyda chriw hir o addolwyr yn disgwyl eu tro i benlinio a chael clywed y Tad Dewi'n cyhoeddi i'w pechodau gael eu clirio. Rhoddai yntau wrandawiad teilwng i bob un. Wrth ymadael â'r eglwys tybiwn y byddai yno am beth amser wedyn, ac y byddai hi'n ganol pnawn cyn y byddai'r Chevrolet yn cael dawnsio'i ffordd yn ôl am Duleek a'r Feudwyfa.

Os mai ei fedyddio a gafodd Alun Idris yn Tabernacl, Caerdydd, ar Sul 8 Hydref 1967, yn y pum mlynedd a

deugain o flynyddoedd a ddilynodd hynny mae wedi trochi'i hun yn nhraddodiad a litwrgi, defosiwn a disgyblaeth ei Fam newydd. Mae'n ŵr galluog iawn, a chlasurol iawn. Fydda i'n meddwl, weithiau, fod pobl sydd wedi troi oddi wrth un traddodiad at un arall yn fwy ymgysegredig. Maen nhw am ddal ar y newydd, a thrwy'r newydd ddangos inni nad oedd yr hen yn ddigonol i gwrdd â'u hangen. Fydda i, ac eraill, yn cofio beth glywais i, beth welais i a beth deimlais i wrth fynd ar draws Môr Iwerddon i holi beth ydi meudwy. Ond cafodd yr Athro Densil Morgan lwyrach cyfle i ddod i adnabod y Tad Dewi ac meddai mewn gair ataf:

65. 'Yng nghroes Crist y gorfoleddaf, croes uwch difrod amser yw.'

Nid un sy'n chwilio am y gwirionedd mohono chwaith; daeth o hyd i'r gwirionedd flynyddoedd meithion yn ôl pan ddaeth i adnabod yr Arglwydd Iesu Grist gyntaf. Nid cerdded *tuag at* y golau y mae, ond pererindota *yn* y golau, ac yn dal i gael ei gyfareddu gan odidogrwydd y daith. Hir oes iddo. Byddaf yn trysori ei gyfeillgarwch am byth.

Un peth a deimlais innau, wedi cyfarfyddiad byr, oedd ei fod o ddifri ac yn cerdded yn y golau. Wrth i mi, a'r criw ffilmio, groesi'r un môr a hwylio allan o Ddulyn, pennill o waith Williams Pantycelyn – emynydd a phererin arall – a ddaeth i'm meddwl i:

Rwy'n morio tua chartref Nêr,
rhwng tonnau maith rwy'n byw;
yn ddyn heb neges dan y sêr
ond mofyn am ei Dduw.

Rhaid bod profiadau'r ddau, serch pob gwahaniaeth, yn cydgordio. A hwyrach bod y ddau, yn y bôn, o'r un brethyn.

Idwal

IA, UN IDWAL OEDD YNA. Wel, erbyn meddwl, hwyrach bod yna ddau: yr Idwal roedd pobl yn ei weld, a'i glywed, a'r Idwal hwnnw y ceid ei ganiatâd i ddod i'w adnabod. Mi rydw i'n cofio fel doe y tro cyntaf imi ei weld. Dyddiau coleg oedd hi a gêm bêl-droed wedi'i threfnu rhwng myfyrwyr Coleg y Bala a myfyrwyr yr Hen Gorff a oedd yn y Brifysgol ym Mangor. Math o goleg ail gynnig oedd un y Bala, naill ai i rai a adawodd yr ysgol heb ormod o lwyddiant neu i rai a oedd am newid cwch a hwylio i gyfeiriad y weinidogaeth. Yn y Bala roedd Idwal, ar ei ffordd i Goleg y Bedyddwyr ym Mangor â'i fryd ar fod yn weinidog hefo'r gatrawd honno, ac yn y Bala roedd y gêm i gael ei chwarae.

Bryd hynny, roedd gan fyfyrwyr yr Hen Gorff ym Mangor dîm pêl-droed a elwid, neu a lysenwid hwyrach, *The Calvinistic Rockets*; yr enw, mae gen i ofn, yn fwy o ddychryn na sgiliau'r chwaraewyr. Erbyn heddiw, fedra i gofio fawr ddim am y gêm a gafwyd – 'bu galed y bygylu', mae'n ddiamau – ond mi fedra i gofio imi'r pnawn hwnnw weld Idwal Wynne Jones. Cerdded y dalar roedd o, heb ormod o ddiléit mewn rhialtwch o'r fath dybiwn i, ond yn bloeddio ambell frawddeg o gefnogaeth i'w goleg hwyrach. Fedra i ddim bod yn gwbl sicr o hynny chwaith. Ond roedd

66. Yn y Rhyl ar drip ysgol Sul. Ddim yn hogyn i fynd ar y meri-go-rownds!

o wedi gwisgo siwt a choler a thei at y digwyddiad – fel y gwnâi o gydol y blynyddoedd ar gyfer pob achlysur o'r bron.

Y drwg rŵan ydi fod yna bethau ymylol yn ystwyrian yn y meddwl ac yn mynnu torri ar rediad y portread. Yr un pnawn, fe ddwynodd *The Calvinistic Rockets* gong a berthynai i Goleg y Bala – un gopr, os cofia i'n gywir – gong a fu'n galw cenedlaethau o fyfyrwyr y Bala at eu dyletswyddau, a mynd â hi i Fangor am sbel. Rŵan, nid ymgeiswyr am y weinidogaeth yn lladrata oedd y peth ond ŵyn yn prancio cyn dyfod dyddiau gwahanol a mwy syber. Ond mi ro'i 'mhen i'w dorri nad oedd a wnelo Idwal ddim ytôl â'r bwrw drwyddi hwnnw. Na, doedd o ddim yn branciwr. Mynd o'r 'tu arall heibio' fyddai greddf Idwal ar adegau anghyfrifol o'r fath.

Pan symudon ni fel teulu i Borthmadog yng nghanol y chwedegau roedd Idwal eisoes yn weinidog yn y dref ac wedi bod yno ers rhai blynyddoedd. Roedd o gyda'r cyntaf i alw heibio i'n croesawu ni. Dros y deuddeng mlynedd nesaf mi fu ar ein haelwyd ni, do, gannoedd o weithiau. Wedi cnoc ar y drws yr un a fyddai'i frawddeg agoriadol bob tro, brawddeg i guddio'i swildod mawr (ac roedd Idwal yn chwannog i'r un ymadroddion), 'Gweld golau yma a meddwl baswn i'n galw'. Bryd hynny, math o Nicodemus oedd o yn dod liw nos gan gyrraedd tua deg ac yn aros tan ddau. A Nan a minnau, erbyn yr awr honno, yn gwywo yn ei gwmni. Hen lanc oedd Idwal yn medru amrywio ei amseroedd clwydo a gadael y nyth yn ôl ei

67. Yn ddeunaw oed, Gorffennaf 1957, a'r tei bô fymryn yn annisgwyl.

68. Myfyrwyr Coleg y Bedyddwyr, Bangor, 1959. Dafydd Henry Edwards a Victor Evans (ar y dde iddo) newydd ennill Brysgyll Y Cymro am areithio. Idwal ar y chwith eithaf yn yr ail res.

ffansi neu, o leiaf, yn ôl y galwadau a fyddai arno. Ond yn ein tŷ ni roedd yna fabi newydd ei eni a phlentyn dyflwydd, cwsg yn cael ei fylchu a gofyn boregodi. Bu rhaid ymliw hefo Idwal i gyrraedd cyn wyth a gadael, os yn bosibl, cyn hanner nos. Dyna'r tabl amser y bu'n glynu ato o hynny ymlaen. Ond yr un a fyddai'r cyfarchiad bob amser, hyd yn oed petai hi heb lawn nosi: 'Gweld golau yma a meddwl baswn i'n galw'.

Fel ffrind iddo, chefais i erioed achos i newid fy marn am ei gymeriad ac ni fu iddo yntau, mwy na'r llewpard Beiblaidd hwnnw, newid dim 'ar ei frychni'. O ddechrau'n hadnabyddiaeth ni, doedd dim dwywaith nad gweinidog oedd o. Fyddai neb yn amau hynny. Wrth glera o dŷ i dŷ, fel yr arferai gweinidogion unwaith, cefais fy nghamgymryd droeon am bob math o bobl – o werthwr *Kleeneze* i ddyn hel siwrans – ond, rywfodd, fyddai neb yn camgymryd Idwal am bobl felly. Eto, fedra i ddim deud paham yn union. Doedd o ddim yn siarad yn or-bregethwrol a doedd ei wisg ddim yn or-glerigol – ar wahân, hwyrach, i'r ambarél hwnnw a lusgai i'w ganlyn ar law a hindda. Ond, chwarae teg, i weinidog heb gar roedd ambarél yn fwy o anghenraid nag arwydd o'i swydd.

Yn amlach na pheidio, siarad siop a fyddai'n harfer am gyfran dda o'r amser. Ond, a finnau yn byw yn yr un byd ag o, haearn yn hogi haearn oedd peth felly; gallai'n rhwydd sgwrsio am bynciau gwahanol gydag eraill. Cyn amled â pheidio, cyn diwedd y sgwrs deuai Sir Fôn i mewn

69. Pen Llyn, Llantrisant lle y'i ganed.

70. Yn hogyn gyrru'r wedd. Ei Ewythr Owen, brawd i'w fam – adroddwr a bardd yn ei ddydd – sydd ym mhen y ceffyl a chymydog wedi galw heibio.

i'r ymgom. Un o Fôn oedd Idwal, wedi'i eni ar lan Llyn Llywenan, ac yn gyson falch o'i fro.

Ond hwyrach mai'r enw brand rydw i'n chwilio amdano fo ydi'r gair 'pregethwr'. Pregethu oedd ei fforte ac felly y byddai'n dymuno cael ei adnabod – a'i gofio, mae'n debyg. Yn y pulpud, rywfodd, roedd ei swildod cynhenid yn gwisgo i ffwrdd yn llwyr ac yntau yn fo'i hun ac yn ei elfen. Bûm yn gwrando arno sawl tro. Byddai'n gwisgo'n weddus, dderbyniol, ar gyfer y gwaith; ond nid y du clerigol, chwaith, a allai godi melancoli ar gynulleidfa. Yn hytrach, siwt lwyd canol-y-ffordd gyda chrys gwynnach na gwyn a thei hefo mymryn o sbarc ond heb fod yn ormodol felly. At ei gilydd, dyn canol y ffordd oedd Idwal ym mhopeth. Nid ei fod o 'heb wastadrwydd amcan' ond er mwyn osgoi eithafrwydd ar un llaw neu ddihidrwydd ar y llaw arall. Ar ei draed yn y pulpud, roedd o bob amser yn raenus, bob amser yn drwyadl; ei iaith yn un ymgomiol ac yntau, ar dro, yn cael ei gynhesu gan ei neges. Roedd o'n ddarllenwr cyson, ond darllenwr i bwrpas, wedi socian ei hun yn bennaf yn y Beibl Cymraeg a llenyddiaeth Gymraeg. O'r herwydd, roedd o'n medru dyfynnu'n gofiadwy. Yn ogystal, gallai Idwal droi profiad a gafodd yn ddameg a honno'n aml wedi'i thempru â mymryn o hiwmor, ond hiwmor gofalus unwaith yn rhagor.

Petai ein sgwrsio ni'n digwydd llithro i gyfeiriad pêl-droed, dyweder – ac roedd gen i ddiddordeb gweddol fyw yn y gêm bryd hynny – byddai Idwal yn ochneidio'i ddiflastod, yn gwybod llai am y byd hwnnw na thwrch daear am yr haul. Eto, roedd ganddo yntau ei 'dduwiau' a gallai sôn am y rheini gyda'r un brwdfrydedd ag y soniai eraill am Bobby Charlton neu George Best, am Cristiano Ronaldo neu Pelé. Ar ryw ystyr, y 'pêl-droedwyr' i Idwal oedd pregethwyr poblogaidd y cyfnod; rhai a chwaraeai i dîm y Bedyddwyr yn amlach na pheidio, wedi'u magu ar ddaear Môn â'u gwreiddiau os oedd yn bosibl yn y byd,

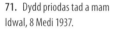

71. Dydd priodas tad a mam Idwal, 8 Medi 1937.

fel yntau, ym mhridd sanctaidd plwy Bodedern. Dyna pam y clywais i gymaint am sgiliau rhai fel 'Parri Roberts Mynachlog-ddu' a 'Môn Williams Brynaman'. Y ddau'n ffitio i drwch y blewyn i'r pedigri disgwyliedig.

O aros hefo'r gymhariaeth, dyma i chi beth arall am Idwal, roedd o'n gymaint o gefnogwr o'r stand ag oedd o fod yn chwaraewr ar y cae; yn wrandäwr pregeth yn ogystal. O fod yn eistedd wrth ei ochr mewn oedfa bregethu gallai'r peth fod yn fymryn o embaras i wrandäwr swil. Pan fyddai'r traethu wrth ei fodd, ac yntau'n ymgolli yn ei wrando, gwnâi sylwadau clywadwy am yr hyn a glywai: 'Clywch, clywch', 'Da iawn', 'Ia wir'. Porthi, mae'n debyg, oedd yr hen air am y peth, hynny ydi math o gefnogaeth lafar i'r sawl a oedd yn traethu. Ond yn hanes Idwal roedd y gwrthwyneb yr un mor wir. Petawn i'n digwydd eistedd wrth ei ochr a rhywun wrthi'n llefaru'n feichus, neu'n hunangyfiawn, mi ollyngai ochenaid uchel. Yn hytrach na chwilio am 'chwip o eiriau pigog, llym' ochneidio'i ddiflastod fyddai Idwal. Oedd, roedd o yn ochneidiwr; yn ochneidiwr i bwrpas.

Roedd Idwal yn gymeriad yn ei hawl ei hun. Nid ei fod, fel rhai, yn ymdrechu i greu delwedd felly ac eraill yn gweld y craciau. Ar un wedd, perthynai iddo ddiniweidrwydd braf. Ni olygai hynny ei fod unrhyw amser yn barod i oddef ffyliaid yn llawen nac, ychwaith, yn amharod i fynegi'i farn neu ddangos ei ochr pan fyddai galw am hynny. I'r gwrthwyneb, wir. Mewn anerchiad neu bregeth gallai daro'r post i'r pared glywed. Ond taro gofalus a fyddai hwnnw hefyd; taro gyda morthwyl â chlwt am ei ben yn hytrach na gordd noeth. Roedd gwleidyddiaeth yn faes y byddai'n weddol huawdl yn ei gylch gan gefnogi'r 'Blaid' chwedl yntau, Plaid Cymru, a gwneud hynny'n weddol agored.

Roedd o'n ddyn a gaeai bob drws yn ddiogel dynn o'i ôl gan fod yn ofalus rhag agor drysau ychwanegol a allai fod yn anodd eu cau'n ddiweddarach. Roedd ganddo'r arfer, hefyd, o guddio'i lwybrau pan fyddai hynny'n fanteisiol iddo. Chwedl ei deulu, gallai peth felly ymestyn hyd at fod yn stimddrwg ar brydiau. Perthynai iddo gallineb os nad cyfrwystra. Treuliodd dros bymtheg mlynedd yn weinidog yn Llandudno a'r fro cyn dychwelyd i Fôn am gyfnod rhy fyr ar ddiwedd y daith.

O sôn am Landudno, mae yna chwedl am gallineb Idwal yn dal i gylchdroi ar y 'Rifiera' fel y byddwn i'n galw'r dref yn ei glyw. Roedd o unwaith yn cerdded i olwg

ei gartref pan welodd leidr ar dorri i mewn – ar yr esgus ei fod yn trin yr adeilad ar gais y perchennog. Nid bytheirio wnaeth Idwal ond holi'n gymwynasgar a hoffai gael ysgol i hwyluso'i waith. Yna, picio drws nesaf i ffonio'r heddlu. Yn ôl y fersiwn a glywais i, fe arestiwyd y lleidr ar un o ffyn yr ysgol fenthyg.

Llaw dde Idwal yn Ynys Galch, capel y Bedyddwyr yn y Port, oedd John Watkin Jones; dyn hel siwrans wrth ei waith bob dydd ond cerddor a chyfansoddwr wrth reddf. Sawl gwaith y seiclodd o'i gartref yn y Garth, y tŷ lle ganed Eifion Wyn yn ôl y garreg a oedd ar ei fur, i'n tŷ ni ar Ffordd

73. Owen Roberts, 'Taid Pwllceiliog', a'i deulu. Mam Idwal, ei wyres, yn pwyso ar ei ysgwydd ac Idwal, un mis ar ddeg, yn cydio yn ei wasgod.

74. Ym mhriodas Elisabeth ac Elfed Roberts, Ty'n Ffridd Penrhyndeudraeth, ym Moreia, Morfa Nefyn, Ebrill 1965.

Penamser, gyda'r un cwestiwn taer bob tro, 'Dydach chi ddim yn digwydd gwbod lle ma' Mistyr Jones ni?' (O ran hynny, byddai ganddo gwestiwn arall, hefyd, cyn camu'n ôl i gyfrwy'i feic, 'Dydach chi ddim wedi meddwl am neud rhyw bolisi bach hefo'r Prwdensial?') Na, cyn dyddiau negeseuon testun neu adael neges ar beiriant ffôn symudol, ac Idwal heb wraig yn y tŷ i ateb drosto – a ddim yn dymuno hwylustod o'r fath – byddai'n anodd iawn cael gafael arno weithiau. Wedi diflannu y byddai ar rai o'i hoff deithiau: Ysgol Haf Gweinidogion y Bedyddwyr, i gyfarfodydd Undeb Bedyddwyr Cymru, dyweder, i ryw regata bregethu neu'i gilydd neu at gyfeillion agos. Gan fod mymryn o anrhydedd rhwng lladron go brin y byddwn innau yn ei fradychu – pe gwyddwn i rwydwaith ei lwybrau. Ond waeth i chi p'run, gan fod ei glust bob amser mor agos i'r ddaear, byddai Idwal yn ei ôl mewn da bryd ac wedi llwyr baratoi at ba orchwyl bynnag a fyddai'n ei aros.

Roedd Idwal yn chwannog ryfeddol i'r un ymadroddion. Un oedd 'Clywch, clywch' a hwnnw i'w glywed yn y mannau mwyaf annisgwyl, heb unrhyw gysylltiad â'r hyn a drafodid ar y pryd neu, weithiau, yng nghanol distawrwydd llwyr. Cefais yr argraff fod saib mewn sgwrs neu gwmni tawedog yn anesmwytho Idwal a dyna'r pryd y deuai'r ymadroddion stoc allan i gadw'r sgwrs i droi. Un arall cofiadwy o'i eiddo, ac annisgwyl, oedd 'Huw Jôs Ned!' a'r ebychnod i'w glywed yn y dweud. Mae gen i ryw syniad mai dal yr ymadrodd hwnnw wnaeth o wrando rhyw gyfres gomedi ar y radio yn y pumdegau. P'run bynnag, fe'i clywais ganddo ganwaith. Unwaith, mor bell o'n cynefin â chyrion Freiburg yn yr Almaen. Ond gwell rhoi mymryn o gig am yr asgwrn cyn cofnodi'r digwyddiad hwnnw.

Un mis Awst yn ystod blynyddoedd Porthmadog roedd tri theulu ohonom, ac Idwal i'n canlyn, wedi mynd i grwydro rhannau o Ewrop; dau o'r teuluoedd ac Idwal mewn dwy garafán a Nan a minnau a'n dau blentyn mewn

75. Gyda rhai o aelodau Bethel, Penrhyn, yn y chwedegau, ac yn wyn ei fyd.

dormobil – un hynod o gyfyng a dweud y gwir. Roedd pedwar gweinidog yn y criw. Doedd hynny ddim yn warant am wyliau hwyliog iawn, medda chi. Un ohonyn nhw oedd Huw Jones, a oedd yn weinidog yn y Bala bryd hynny. Yna'r diweddar E. O. Jones, Penrhyndeudraeth – ffrind mawr Idwal – ac Idwal a minnau. Un noson, roeddem ni'n cerdded ar draws tir corsiog ar gyrion Freiburg ac yn trafod y bedydd o bob pwnc – Huw, o bosibl, wedi gyrru'r cwch i'r dŵr – ac Idwal, fel bob amser, yn gadarn dros y bedydd trochiad: 'Twt, fedrwch chi ddim rhoi neb dros ei ben mewn powlan o ddŵr!' Yr eiliad nesaf, yn yr hanner gwyll, roedd Idwal a finnau wedi suddo at ein canol i bwll o ddŵr mawn. Bu eiliad neu ddau o ddistawrwydd gweddus, i weld ein bod ni'n dau'n dal ar yr wyneb. Yna, be glywyd i gyfeiliant tylluan ym mhellterau'r gors ond bref Idwal, 'Wel, Huw Jôs Ned!' Ac mi fyddai Idwal, o hynny ymlaen, yn herian fy mod innau wedi cael bedydd trochiad heb ei ddisgwyl. Cofiwch, doedd o ddim yn un o'r rhai a gredai mai sefydlu enwad arbennig oedd pwrpas yr Ymgnawdoliad.

Fu Idwal erioed yn berchennog car. Ei garn dros hynny oedd dweud nad oedd ei olwg yn ddigon da i yrru cerbyd. Eto, fel cyd-deithiwr, bron na allai weld llyg yn croesi'r ffordd mewn hanner gwyll neu robin goch rhwng brigau coeden a hithau wedi dechrau nosi. Gwelai gydnabod o bellter a chodai'i law arnyn nhw gyda brwdfrydedd mawr. Fe awgrymodd i mi, o dro i dro, iddo fod tu ôl i olwyn car unwaith neu ddwy a derbyn y cyngor i roi heibio'r

76. Y tair hoelen wyth o Fodedern yn Undeb Bedyddwyr Cymru, Dolgellau, 1963: W. Môn Williams, Brynaman, R. Parri Roberts, Mynachlog-ddu ac Idwal.

bwriad. Fy nhybiaeth i oedd i'r llywio fod yn fethiant, os nad yn fraw i rywrai. Cyn belled ag roedd mecanwaith yn y cwestiwn roedd Idwal gyda'r mwyaf di-lun yn bod.

Fel yr awgrymais ar y dechrau, wrth reddf, gŵr preifat iawn oedd Idwal; dyn hefo'i ystafell ddirgel a honno'n gyson o dan glo. Ganddo fo roedd yr allwedd i honno a fyddai o ddim yn benthyg hwnnw am bensiwn i neb yn y byd – ddim hyd yn oed i'w deulu agosaf. I fod yn gyfaill i Idwal roedd yn rhaid parchu'r preifatrwydd hwnnw a rhoi lle iddo. Oherwydd hynny, a'i swildod naturiol yn gloffrwym ychwanegol, fe alla i ddychmygu i ofalon y weinidogaeth gyhoeddus fod yn faich trwm arno. Ond roedd gan Idwal ddinasoedd noddfa i droi i mewn iddyn nhw pan fyddai'r gyrru'n galed. Serch nad oedd yn yrrwr car, i gyrraedd

77. Gyda phlant ac ieuenctid Seion, Porthmadog a Bethel, Penrhyndeudraeth yng Nghanolfan Langton, haf 1979. Elisabeth Roberts ar y chwith ac Idwal ar y dde. Y crys-T – annisgwyl eto – yn hysbysebu Urdd y Seren Fore.

cartrefi cefnogol o'r fath gallai fapio'i ffordd o Fôn i Fynwy yn hwylus ddigon ar fws neu ar drên, beth bynnag am gwch, neu gyda chyfeillion a oedd yn berchnogion ceir. Ar aelwydydd o'r fath gallai Idwal fforddio i lacio tannau'r bwa, dewis yr alaw a fynnai a dawnsio i'w chyfeiliant.

Oedd, roedd iddo swildod gorthrymus, ond mewn rhai sefyllfaoedd fe allai orchfygu hwnnw. Ar gyfnod, mi fûm i'n hel deunydd ledled gogledd Cymru ar gyfer cyfres radio o'r enw *Gwin y Gorffennol* ac mi fu Idwal hefo mi ar sgawtiau felly ugeiniau o weithiau. Ar adegau felly fe allai Idwal gymryd at yr awenau a dechrau gyrru'r wedd.

'Rŵan ma' isio ichi ista yn fan'na.' (A fo neu hi wedi eistedd yno'n barod.) 'A bod yn reit lonydd 'te. A pheidio â physychu ne neud sŵn. Ma'r mashîn 'ma, ylwch, yn codi pob smic.'

Finnau, wedyn, yn tanio'r peiriant ac yn mynd at y gwaith, 'Mi ofynna i'r cwestiwn cynta ichi. "Ydach chi'n cofio . . .".'

Yna, Idwal yn torri ar draws, 'Pan fydd Mistyr Parri'n gofyn y cwestiwn' – er mai fel 'Harri', hwyrach, roedd y sawl a holid wedi fy nabod i erioed – 'mi fydd isio ichi gymyd digon o amsar . . . a siarad yn glir. Reit, os ydach chi'n barod, mi ddechreuwn ni.'

Ar ddiwedd y cyfweliad arfer Idwal oedd diflannu i ryw gornel neu'i gilydd i danio sigarét. Roedd o bryd hynny'n ysmygwr afresymol. Dyna pryd y byddai'r sawl fyddwn i wedi'i gyfweld yn holi'n ddigon dryslyd, 'Deudwch i mi, pwy oedd y jentylman yna? Y fo ydi'r prodiwsar?'

A chymryd drosodd oedd tuedd Idwal, hefyd, cyn belled ag roedd disgyblu'n plant ni yn y cwestiwn. Fel gyda seibiau mewn sgwrs gallai gormod o rialtwch ei anesmwytho. Nid nad oedd o'n naturiol hoff o blant. Soniai gyda balchder am y plant a berthynai i'w deulu gan ymffrostio yn eu gwahanol gampau. O'r ochr arall, roedd gan ein hogiau ninnau feddwl mawr o 'Yncl Idwal' gan fod yn gwbl ddedwydd yn ei gwmni. Ond fel disgyblwr roedd hi'n stori wahanol. Wrth deithio yn y car cymerai at y gwaith o gadw trefn fel plisman drama ar lwyfan. A hynny, gan amlaf, pan na fyddai unrhyw angen am hynny.

'Llŷr, distaw rŵan.' Nid fod hwnnw wedi gwneud dim mwy na chyfeirio at ryw ryfeddod a ddaliai'i sylw ar daith ddigon diflas i blentyn. 'Gwranda ar dy dad.' Er nad oedd ei dad wedi gwneud yr un sylw. 'Dyfrig! Bihafia! Ne, mi fydda i'n deud wrth dy dad.' A'i dad o'n clywed y cyfan ond yn teimlo nad oedd y prancio'n haeddu unrhyw sylw.

Yr un modd, gartref ar ein haelwyd ni cymerai at y gwaith o'u gwastrodi. Digrifwch y peth oedd nad oedd y plant yn cymryd y sylw lleiaf o rybuddion 'Yncl Idwal'. Gwyddai'r ddau, fel wrth reddf, nad oedd iddyn nhw unrhyw rym ac mai ymadroddion llanw oedd y sylwadau yn fwy nag unrhyw fygythiadau. I wneud ei rybuddion yn fwy di-rym fyth, fel ffynhonnell gyson o felysion afiach – licris olsorts neu ddoli-micstiyrs, dyweder – y meddyliai'r ddau amdano ac nid fel disgyblwr. Ond bu Idwal yn gyson ffeind wrth y ddau ac yn un o gymeriadau lliwgar eu plentyndod yn y Port ac wedi hynny.

Fe'i hystyriwn yn ŵr hynod ddiwylliedig. Gadawodd Fôn yn ddwy ar bymtheg oed, heb ormod o sgiliau addysg, i chwilio am yr ail gynnig hwnnw ac i baratoi ei hun at yr alwedigaeth a ddewisodd. Yn ôl y memrynau, rhwng gadael ysgol a chyrraedd Coleg y Bala treuliodd gyfnod mewn sefydliad a elwid yn 'Ysgol Golegol Ilston' yng Nghaerfyrddin. Man i roi ychydig betrol yn y tanc ar gyfer y daith hir a oedd o'i flaen, dybiwn i, oedd lle o'r fath. Ond gan na chlywais i Idwal erioed yn yngan gair am y profiad sgwn i ai pysgodyn allan o ddŵr a fu yn y fan honno? Ond ar ddydd ei sefydlu'n Weinidog i dair eglwys yn Nyffryn Madog, yn nechrau'r chwedegau, mae'n debyg i'w gyn-Brifathro coleg ddweud wrth y gynulleidfa mai Idwal oedd y myfyriwr a welodd yn gwneud y cynnydd mwyaf rhwng cyrraedd a gadael. Er nad oedd nifer myfyrwyr y 'Coleg

78. Rhwng 1979 a 2004 bu'n Weinidog yn y Tabernacl, Llandudno. Er yn Fedyddiwr o argyhoeddiad llafuriodd, a llwyddodd, i weld sefydlu un man addoli i aelodau capeli'r dref.

Gwyn', fel y'i gelwid, yn gannoedd roedd hynny'n gryn deyrnged.

Byddai un o athrawon coleg Idwal, a oedd yn berchen-nog car, yn fwy na bodlon i roi reid i fyfyrwyr i gyrraedd eu cyhoeddiadau ar foreau Sul. Felly, roedd yna siawns i gael cyd-deithio yn hytrach na gadael Bangor ar bnawn Sadwrn ar drên neu fws, cysgu dwy noson mewn gwely diarth, a dychwelyd fore Llun. Ond fe hoffai'r athro hwnnw, yn ddigon teg, gael cyfraniad bychan at gostau'r petrol a byddai'n awgrymu'r swm a fyddai'n dderbyniol. Unwaith roedd gan Idwal drefniant o'r fath. Gan ei bod hi'n daith bell, câi ei herian gan ei gydfyfyrwyr y byddai'i dâl am y Sul yn llai na'r cyfraniad a ddisgwylid am y reid. Mae'n debyg i Idwal, yn fuan wedi cyrraedd y car, dynnu allan owns o faco – roedd yr athro hwnnw'n smociwr pibell brwd – a'i

79. Ainon, ger y llyn, lle clywodd Idwal yr alwad i fod yn bysgotwr dynion.

gwthio ar y gyrrwr. Yna, dweud yn stimddrwg y gwyddai na fyddai'r gyrrwr yn fodlon cymryd unrhyw dâl oddi ar law myfyriwr tlawd – er nad oedd hynny'n gwbl wir – ond y dymunai iddo, serch hynny, dderbyn owns o faco fel cydnabyddiaeth. Ar ddiwedd y dydd, oherwydd pellter y daith, roedd o wrth gwrs ar ei fawr ennill. Pwy ond Idwal? O'i adnabod, synnwn i ddim na fyddai wedi ymchwilio ymlaen llaw pa frand o faco a fyddai'n dderbyniol!

Roedd greddf y llenor yn Idwal ac fe'i cefais yn ieithydd gofalus a diogel. Yn ystod y chwech neu saith mlynedd y bûm i'n golygu'r *Goleuad*, ac yn weinidog llawn amser yr un pryd, fe'i perswadiwyd i roi help llaw imi'n wythnosol gyda'r proflenni a hynny am ddim mwy na dyrnaid o reis, mae gen i ofn. Yn yr oes enwadol honno, wn i ddim beth a fyddai rhai o gyfranwyr yr Hen Gorff yn feddwl pe gwyddent fod Bedyddiwr wedi bod yn tocio a thacluso'u *crème de la crème* cyn i'r ysgrif neu'r newyddion weld golau dydd. Wedi hynny, bu Idwal yn golygu *Seren Cymru*, wythnosolyn ei enwad, am fwy na degawd. A dyna fo ar ei domen ei hun ac yn llwyr yn ei fyd ei hun.

I droi'n ôl at 'Parri Roberts, Mynachlog-ddu', y nyddai Idwal salmau moliant iddo mor aml: pregethwr ac athro i bregethwyr, Gweinidog unigryw Bethel, Mynachlog-ddu, am ddeunaw mlynedd ar hugain, a gwarchodwr y Preselau rhag y Swyddfa Ryfel. Wrth inni deithio mewn car, cerdded ar droed neu sgwrsio wrth hamdden ar fin nos fe ddeuai'r enw'n gyson i'r bwrdd. Wedi'r cwbl, roedd tri mab iddo yn ffrindiau i Idwal a Brynhyfryd, y cartref, yn un arall o'r dinasoedd noddfa yr ymwelai â hwy gyda chysondeb. Roedd hi'n amlwg i minnau, o ddim ond gwrando ar Idwal, i'r dyn dyfu'n chwedl yn ei ddydd ac yn frenin yn ei fro'i hun; gŵr â'i lathen, yn sicr, yn llawer hwy na llath.

80. Arwain perthynas iddo, Ainon, i ddŵr y bedydd yn Llyn Llywenan, Awst 1984.

81. Gyda rhai o'i deulu yn 1974 – Olwen a Luned, a mab Luned, Ainon – yn dathlu canmlwyddiant a hanner Tabernacl, Bodedern.

Ond yn ei ddydd, ei hanes yn brwydro i warchod y Preselau yn union wedi'r Ail Ryfel Byd, ac yn ennill y frwydr honno, oedd y stori arwrol. Byddai colli'r frwydr wedi golygu, nid yn unig golli tiroedd a throi allan o'u cartrefi hanner aelodaeth Bethel, Mynachlog-ddu, ond chwalu'r gymdeithas ehangach, ei dieithrio a'i Seisnigeiddio. Gan fy mod i yn y cyfnod hwnnw yn rhannol gyfrifol am redeg cwmni cyhoeddi, Tŷ ar y Graig, dyma berswadio Idwal i olygu cyfrol deyrnged iddo a gwneud hynny pan oedd atgofion amdano'n dal i lifo. Aeth ati ar dân, y testun a'r her yn union at ei ddant. Roedd hyd yn oed y teitl, *Ffarwel i'r Brenin*, yn dangos y craffter a berthynai i Idwal. Gyda'r geiriau yna, mae'n debyg, y cyfarchodd Lewis Valentine weddw R. Parri Roberts wedi'i farw yn 1968.

Fe werthodd y gyfrol, do, o Fôn i Benfro ond yn arbennig, arbennig yng ngogledd Penfro wrth odre'r Preselau. Adeg ei chyhoeddi aeth Idwal a minnau i lawr bob cam i Fethel, Mynachlog-ddu, i gyflwyno'r gyfrol. A'r diwrnod hwnnw roedd y ddormobil a fu yn Freiburg yn sagio at ei bothau dan bwysau'r llyfrau a oedd yn ei thrwmbal. Wn i ddim faint o gyfrolau oedd hynny, o leiaf hanner yr hyn a argraffwyd. Bu yno gyfarfod reiol, llawn emosiwn, a'r llyfrau'n gwerthu fel petai 'penwaig Nefyn' wedi landio ar draethau Sir Benfro. Roedd y stoc wedi hen ddarfod cyn i bawb gael cyfle i brynu. Roedd honno'n noson fawr yn hanes Idwal, mi wn, a bu teulu Parri Roberts a thrigolion Mynachlog-ddu yn wastadol ddiolchgar iddo am ei gymwynas. Yng nghanol y nawdegau fe olygodd gyfrol arall, *Dyrchafwn Gri*, detholiad o ysgrifau Lewis Valentine yn *Y Deyrnas*, misolyn y Bedyddwyr Cymraeg yn Llandudno. Ond wn i ddim faint o werthiant a fu ar honno. Ond o gofio arwriaeth Lewis Valentine, yntau, a brwdfrydedd Idwal, nifer go dda mae'n ddiamau.

Ond nid y gair printiedig yn unig a apeliai at Idwal, roedd o hefyd yn gasglwr hen greiriau, yn arbennig os oedd i'r creiriau hynny gysylltiad hanes ag Ynys Môn. Ar dro, i ŵr gweddol swil, gallai diddordeb o'r fath sbarduno ymgom ar aelwyd ddiarth – yn arbennig felly gyda gwragedd a

82. Gyda'r diweddar Barchg T. R. Jones, Eglwyswrw, y bardd a'r emynydd. Dau 'enaid hoff cytûn'.

oedd yn gasglyddion hen bethau. Roedd ganddo lygaid a fedrai agor cypyrddau gwydr hefo hen lestri, serch eu bod o dan glo, a hynny heb godi o'i gadair. O aros mewn tŷ ffarm er enghraifft, byddai'n rhwyddach i Idwal godi sgwrs hefo'r wraig am fymryn o *Goss* na chyda'i gŵr am bris y llaeth neu anwastadrwydd y farchnad. Ond serch hynny, roedd o'n ddigon o hen law i fedru sgwrsio gydag amaethwr am fwrw ŵyn neu chwalu slyri os mai dyna a fyddai unig ddiddordeb y dyn hwnnw. Ond o sôn am ei reddf i gasglu hen bethau, mi wn i mai crochenwaith *Goss* oedd ei hoffter pennaf. Mae yn ei gartref o hyd gasgliad helaeth o ddarnau felly ac yntau wedi cael modd i fyw wrth ei hir hel.

Ond pan fyddem ein dau ar ryw dramp neu'i gilydd ac yn digwydd cael cynnig paned mewn lle ac iddo fymryn o steil, roedd ein diddordebau yn ein gwahanu. Fy unig ddiddordeb i fyddai'r te a dywelltid i'r cwpan a cheisio gofalu nad oedd hwnnw'n chwerw o gryf. Arfer Idwal ar y llaw arall, oedd atal y tywallt te er mwyn iddo gael edrych o dan y cwpan i weld i ba gwmni, ac i ba gyfnod, y perthynai'r llestr. I rai anwybodus fel fi, roedd arfer Idwal o droi platiau a chwpanau â'u tinau i fyny mewn tŷ diarth yn dipyn o odrwydd. Ond fe wyddai i drwch y blewyn ymhle i wneud hynny a phryd i ymatal; nid na allai fynd adref o le felly â chwpan neu blat hynafol i'w ganlyn – yn bresant. Dyna fo, roedd o'n medru darllen arwyddion ar lestri,

83. Gwilym, ei frawd ieuengach. Yn gefnogol i'r un gwerthoedd ond wedi ymroi i waith llywodraeth leol yn ogystal.

didoli tegins diwerth oddi wrth rai casgladwy ac, ar ben hynny, adnabod pobl. Bron na allaf ddychmygu'i weld ar yr *Antiques Road Show* yn dal cwpan o'r oes a fu rhwng ei ddwylo meinion ac yn traethu'n ddifyr a chredadwy am ei werth a'i ragoriaethau. Y Saesneg crand, yn unig, a fyddai'n estron iddo.

Ydw, mi rydw i'n cofio fel doe y tro cyntaf imi ei weld. Ia, dyddiau coleg oedd hi ac yntau, fel eraill ohonom, am hogi'n crymanau ar gyfer cynhaeaf a oedd i aeddfedu fel y tybiem ar y pryd. Dydw i ddim yn dymuno cofio'r tro olaf y gwelais i o. Byddai'n olygfa rhy boenus imi i'w hail-fyw a'i rhoi ar bapur. Bu'n eithriadol ddewr yn rhwyfo drwy waeledd hir, heb utganu am ei ofidiau na rhannu baich y gwybod gyda neb arall; hyd yn oed gyda Gwilym ei frawd na'i Fodryb Luned a oedd mor agos ato. Gadawodd ar ei

84. 'Dydd o lawen chwedl' i Idwal ac un o'r oriau mawr; dathlu canmlwyddiant Ainon – 1881-1981 – yr eglwys lle y'i meithrinwyd yn y Ffydd.

ôl dudalen o bapur, yn nodi hyd at goma ac atalnod llawn, sut yr oedd pethau i fod ddydd ei angladd. Dyna Idwal Wynne Jones i drwch y blewyn.

Cyn hynny, ar nos Sul yn nechrau'r ganrif newydd, dyma alw heibio i Gaergeiliog a Bryngwyn, cartref Idwal ym Môn erbyn hynny a chartref Gwilym.

'Dydi o ddim adra heno 'ma ma' gin i ofn,' meddai hwnnw.

'Nagdi?'

'Ma' Idwal yn cynnal oedfa heno yn Ainon, lle cychwynnodd o, a ma' nhw'n dathlu deugain mlynedd ei ordeiniad o. Ewch yno.'

'Na na. Mi dw i ar fy ffordd adra. Alwa i yma rywbryd eto, Gwilym.'

'Na, ewch yno. Ewch yno,' ac apelio arna i. Ond amharod iawn oeddwn i gerdded i mewn i oedfa o'r fath heb wahoddiad na'i ganiatâd. 'Ewch, mi wn i y basa wrth ei fodd eich gweld chi. Mi fydda inna'n dŵad draw yn nes mlaen.'

Erbyn hyn, mi rydw i'n fwy na balch imi beidio â gwrando ar fy nghydwybod a'i mentro hi.

Y noson honno roedd y ffordd gul sy'n arwain at gapel Ainon yn dew o geir a pharcio'n anodd. Wedi parcio bellter i ffwrdd, cerdded at y capel a mynd i mewn, roedd yr oedfa wedi dechrau. Idwal oedd wrth y llyw. Ond hanner llawn, os hynny, oedd yr adeilad; un neu ddau, mae'n debyg, oedd ym mhob car. Gan fod y gynulleidfa ar ei thraed ym morio emyn llwyddais i sleifio i un o'r seddau cefn.

O edrych i gyfeiriad y sêt fawr sylweddolais ei bod hi'n oedfa gymun yn ogystal, a bwrdd wedi'i osod gyda'i fara a'i win. Yn ystod ei ddarlleniad o'r Gair – yn annisgwyl braidd, dameg y Mab Afradlon – welodd Idwal mohonof. Wedi codi ar gyfer canu'r ail emyn fe'm llygadodd ac anesmwytho ychydig. Yn ystod y canu, brysiodd i fyny'r eil ac i'm cyfeiriad.

'Be 'ti'n neud yn fa'ma?'

'Jyst 'di troi i mewn.'

'Rhaid iti ddŵad i'r sêt fawr.'

'Ddo i ddim.'

'Ma' raid iti.'

'Ddo i ddim, Idwal . . . yn bendant iti.'

85. Gyda'i deulu agos wrth ddrws Ainon noson dathlu'r deugain mlynedd – minnau ysgwydd yn ysgwydd ag o.

86. T. Arfon Jones ac Idwal yn Undeb Aberteifi 1994 a hithau'n dywydd gwlyb i bob golwg. Y sgwrs yn ddwys ac Idwal yn blastig i gyd.

'Wela i di ar y diwadd 'ta,' a rhuthro'n ôl ar gyfer y weddi.

Roedd hi'n amlwg i mi fod yr oedfa wedi'i threfnu gyda bwriad a gofal, a haerllugrwydd o'r mwyaf fyddai styrbio'r tablo. Yn nes ymlaen y deallais i mai teulu Idwal, amryw yn ffyddloniaid Ainon, oedd pawb o'r gynulleidfa ond dau ohonom. Roedd yr ymwelydd arall, ffrind agos iawn i Idwal, y Gweinidog a'r cyn-Brifathro John Rice Rowlands, yno mae'n ddiamau drwy wahoddiad. Y fi, felly, oedd yr unig estron. Gan ei bod hi'n oedfa deuluol, yn ystyr lythrennol y gair, roedd yno nifer dda o blant. Cyn cyrraedd at y Swper dewisodd Idwal ailgylchu'r ddameg gofiadwy a ddarllenwyd ganddo a gwneud hynny'n ddiddorol a pherthnasol.

Bu dau ddigwyddiad a'i gyrrodd fymryn oddi ar ei drywydd. Pan oedd o ar ganol traethu penderfynodd un o'r plant ollwng *Caneuon Ffydd* – ac mae hwnnw yn ôl y glorian yn pwyso triphwys – yn glatsh ar y llawr pren a chreu ergyd. Aed â'r ddau, y bychan a'r *Caneuon Ffydd*, allan i'r awyr iach. Yna, yn union wedi i Idwal ddod â'i neges i'w therfyn cododd modryb iddo ar ei thraed, Helen Trisant – diacon yn Ainon a bardd gwlad – a chyflwyno wats iddo'n anrheg i gofio'r deugain mlynedd. (O ran y dewis o anrheg, doedd Idwal byth angen dim i gadw amser; roedd o bob amser yn ddyn i'r funud neu eiliad neu ddau cyn hynny.) Pwysleisiodd ei bod hi'n ei anrhegu ar ran 'y praidd bychan' yn Ainon. O'i adnabod, gwn y byddai'r ymadrodd Beiblaidd 'praidd bychan' wedi'i gyffwrdd er na fyddai wedi dangos hynny'n gyhoeddus. Wedi'r cwbl, yno yr âi i'r Ysgol Sul yn ddim o beth a thros y ffordd, bron, yn nyfroedd oerion Llyn Llywenan y cafodd ei fedyddio. Ond fel y gwn i o brofiad, gall yr annisgwyl yn digwydd mewn cyfarfod cyhoeddus yrru dyn oddi ar ei echel a gŵr yn rhwyfo a methu â chyrraedd glan fu Idwal, yntau, am ychydig funudau. Daeth yr oedfa i ben gyda'r

87. Y datganiad ar y garreg fedd ym Mynwent Bodedern yw 'Gweinidog yr Efengyl'. Yn dweud yr hyn a ddymunai. Neu, hwyrach, yr hyn a ddymunodd.

Swper ac Idwal yn gweinyddu yn ei hen gynefin gydag urddas cofiadwy.

Yna, swper arall ar aelwyd ei fodryb Luned, a'i gŵr Hefin, wrth gesail y capel a Gwilym erbyn hynny wedi cyrraedd yno o oedfa yng Nghaergeiliog. I mi, roedd y swper hwnnw hefyd yn sacrament. Cael gweld Idwal yn ei gynefin, gyda'i deulu, yn gwbl hamddenol, yn falch o'i wreiddiau yn y capel ar lan y llyn lle clywodd yntau'r alwad i fod yn 'bysgotwr dynion'.

Ar y ffordd adre yn y car ro'n i'n methu â pheidio â meddwl am ddisgrifiad Islwyn Ffowc Elis yn *Cyn Oeri'r Gwaed* o'r eglwys fechan a'i meithrinodd o: 'Gallwn fynd â Soar gyda mi, beth bynnag sy dros y goror yn y byd a ddaw. Soar yw fy nhystysgrif fod i mi . . . garu 'Ngwaredwr yn annwyl pan oeddwn i'n ddim-o-beth rhwng ei furiau ef'. Mor wir am Idwal, mor wir am Ainon; cyfnewid Soar am Ainon yn unig oedd yn angenrheidiol imi. Mi wn i hefyd beth fyddai Idwal yn ei ddweud o ddarllen y frawddeg. Ia, un o'i hoff ymadroddion unwaith eto – 'Clywch, clywch!'

Fel yr awgrymais i ar y dechrau, bûm yn amau nad un Idwal oedd yna ond dau. Erbyn ailfeddwl, na, un oedd yna. Yn wir, yn fy mhrofiad i, y fo oedd un o'r rhai tebycaf iddo fo'i hun a fu ar lawr daear. Felly, ffarwel i'r brenin!

Bonni a Vivian

Nos sadwrn oedd hi yn Hydref 1982 a minnau wedi taith hirfaith i lawr o Gaernarfon i ogledd Penfro newydd barcio'r Renault 16 yng ngolau'r stryd ar sgwâr Trefdraeth. (Doeddwn i ddim yn gynefin bryd hynny â'r 'Tydrath' brodorol.) Wedi diffodd y peiriant, dyma gamu allan i ystwytho'r cymalau. Oedd, mi roedd yna 'gar ffarmwr' – o ran ei olwg beth bynnag – a hwnnw wedi parcio ychydig lathenni tu cefn imi. Dyna'r math o gerbyd roeddwn i wedi fy nghyfarwyddo i chwilio amdano. Toc, dyma ŵr cydnerth yn camu allan o'r car hwnnw a cherdded i'm cyfeiriad yn fôr o groeso.

88. Bonni, a Vivian yn gefn iddi, fel bob amser. Amhosibl i mi, erbyn hyn, yw sôn am un heb enwi'r llall.

'Shwd ych chi 'te? Cesoch chi siwrne weddol?' A dyna'r tro cyntaf imi daro fy llygad ar Vivian, Vivian Davies, Penlanwynt. 'Sdim Bonni 'da fi. Ma' hi gartre'n parotoi swper. Drychwch 'ma,' meddai, 'fe a' i o'ch bla'n chi nawr a fyddwn ni ddim o dro na fyddwn ni 'na.'

Y noson honno, wrth droelli i fyny'r ffordd gul, serth, o Drefdraeth i gyfeiriad y Cilgwyn, ac ymlaen wedyn, roeddwn i'n meddwl bod Penlanwynt yn hynod anhygyrch. Dydi o ddim. Ond mae'r ffarm ar dir uchel, naw can troedfedd uwchlaw'r môr, ac yn ymestyn i fyny yn uwch wedyn i gopa Foel Eryr.

Fedra i ddim cofio a oedd y plant yn dal ar eu traed pan gyrhaeddon ni yno – Hedd, Enfys a Rhodri. Go brin, hwyrach. Ond roedd Bonni yno, swper wedi'i baratoi a'i chroeso hithau'n fawr. ''Ni wedi shwd edrych mla'n at eich ca'l chi 'da ni yng Nghaersalem.' A'r noson honno, wedi imi gyrraedd aelwyd ddiffwdan Penlanwynt a thafodiaith unigryw gogledd Penfro – yr 'wes wes' a'r 'wedd wedd' – yn diferu drosta i y dechreuodd ein perthynas ni â'n gilydd.

Roeddwn i eisoes wedi taro ar Bonni Davies yn un o sesiynau Gŵyl y Gair a'r Gân yn Aberystwyth; gŵyl genedlaethol oedd honno wedi'i threfnu gan y Bedyddwyr yng Nghymru i blant ac ieuenctid gael dathlu'r Ffydd. Bryd hynny roedd hi'n fyw ac yn iach ac mewn cryn fri. Fel y cofia i, roedd o'n ddigwyddiad â chryn wefr yn perthyn iddo, digon i gynnau gwres yn y galon a gyrru trydan i'r traed. Y Sadwrn hwnnw roedd Bonni yno hefo'r plant a Vivian, o orfod, gartref hefo'r fuches odro. 'Fydd raid i chi ddod i bregethu i Gaersalem,' awgrymodd. Ond, ar y pryd, wyddwn i ddim pa Gaersalem. Nac ymhle roedd y Caesalem hwnnw o ran hynny.

89. Yr arwydd, hynod bwrpasol, wrth y fynedfa i'r feidir hir, unionsyth, sydd yn arwain o'r briffordd at y tŷ ffarm.

'Priodas ddath â ni at ein gily',' eglurodd Bonni wrth sôn wrtha i, unwaith, ymhle a phryd yr aeth adnabyddiaeth yn berthynas rhwng y ddau. 'Wel, dwy briodas a gweud y gwir. Wedd dou gefnder i fi'n priodi un Sadwrn ar ôl y llall, a Vivian 'na 'fyd, am eu bod nhw'n ffrindie ac yn gymdogion iddo.'

Merch ysgol oedd Bonni ar y pryd a dyfodol diddorol

a gwahanol, o bosibl, ar agor o'i blaen hi. Ei bwriad hi – a disgwyliadau'i theulu fyddwn i'n tybio – oedd iddi gwblhau'i haddysg a mynd ymlaen i ryw goleg neu'i gilydd. A phwy a ŵyr i ba gyfeiriad y byddai'r llwybrau newydd hynny wedi ei harwain hi? O bosibl, ymhell iawn o Gwm Gwaun ac o ogledd Penfro. Ond yn awyrgylch y ddwy briodas, neu wedi hynny, fe anelodd Ciwpid ei saeth a bu'r ergyd yn un derfynol, 'Ar ôl blwyddyn o 'studio at lefel A, ac wedi dod i'r penderfyniad ma' Vivian wedd y boi, adawes i'r ysgol a mynd i weitho yn y banc.'

A Vivian ydi'r 'boi' o hyd, coeliwch chi fi. Cyn belled ag y mae priodas Bonni a Vivian yn y cwestiwn caf yr argraff bob amser y cyfarfyddwn ni fod y dŵr yn dal yn win; hen

90. Gŵyl y Gair a'r Gân 1993. Y Parchedig Alwyn Daniels yn ei strymio hi gyda phlant ac ieuenctid Cylch Eglwysi Carn Ingli. 'Ma'r ddau ohonon yn ddyledus iawn 'fyd i'n gwinidog presennol am gadw i ddwrhau'r hade'.

win, erbyn hyn, ond un sydd yn dal i befrio. Fel yn hanes rhai o gyplau'r Beibl anodd, os nad amhosibl, imi erbyn hyn yw sôn am un heb enwi'r llall. Mynd ar ôl stori'r ddau gyda'i gilydd ydi'r bwriad. A mynd ar ôl traddodiadau'r fro sy'n gymaint rhan o'r stori honno. I Bonni a Vivian mae'r oll, rywfodd, yn gysegredig.

Ffarmwr ydi Vivian. Does dim rhaid bod yn ei gwmni am fawr o amser i sylweddoli hynny. Pan ofynnais iddo unwaith a fu iddo erioed – ar dywydd drwg, dyweder – ystyried unrhyw swydd arall, roedd yr ateb yn fwy na phendant, 'Dim o gwbl. Dim ar un telere. Dw i heb feddwl eriôd y bydden i ishe gneud rhwbeth arall.' Minnau yn edifar, braidd, imi ofyn cwestiwn mor bengoll. Cwestiwn nad oedd iddo ond un ateb yn bosibl.

Yn un peth, mae o'n ffarmwr o ran ei fagwraeth. Bu sawl cenhedlaeth o'i deulu yn ffarmio yng Nghwm Gwaun ac yntau, ers iddo adael yr ysgol, yn amaethu tir ei gartref. ''Ma ma'r gwreidde. 'Ma dwi 'di bod eriôd. 'Ma ces i ngeni – yn y tŷ hwn; 'ma es i i'r ysgol a'r capel, a 'ma ma'n ffrindie'n dal i fod. 'Ma dwi'n perthyn.'

Ond i mi mae Vivian, nid yn unig yn ffarmwr o ran magwraeth ac olyniaeth, ond o ran greddf yn ogystal. A menyn ar y dorth i Vivian a Bonni ydi fod Hedd a'i deulu, bellach, yn 'byw lawr yr hewl' yn Nhŷ-gwyn, lle magwyd ei dad-cu, a Vivian ac yntau'n cyd-ffarmio. A pheth braf oedd sylweddoli'r tro diwethaf y gelwais i heibio i Benlanwynt fod yna genhedlaeth arall yn ysu am i'r cyfle gyrraedd iddyn nhw gael trin yr un tir a gwarchod yr un ffordd o fyw.

Ac er mai mudo pum milltir 'lan o Dydrath' yn 1969 i fod yn wraig ffarm Penlanwynt wnaeth Bonni, mae hi'n mynnu nad plannu gwreiddiau yn y Cwm fu ei hanes hi ond, yn hytrach, eu himpio nhw i'r rhai a oedd ganddi yno'n barod. 'Dwi wedi bod yn dod i'r Cwm er wên i'n blentyn achos mai 'ma we llawer o'r tylwth yn byw. Ma'r ffaith 'mod i wedi priodi ac wedi symud i fyw 'ma fel symud nôl adre. Wên i'n dod 'ma i ganol fy mherthnase!'

A balchder mawr i'r ddau ydi fod dau o'r plant, Hedd ac Enfys, a phump o'r wyrion yn dal i gadw'r etifeddiaeth i gerdded; wedi cael eu magu yn y Cwm, yn aelodau yn yr un capel ac wedi mynychu'r un ysgol â Vivian – ysgol fach Llanychllwydog yng Nghwm Gwaun. Yn wir, Enfys ydi

91. Y sgwrs ar aelwyd Penlanwynt mor felys, os nad yn felysach, na'r danteithion.

92. Vivian yn actio rhan y Parchg Dafydd George, gweinidog cyntaf Caersalem, mewn pasiant a lwyfanwyd yn 1991 i ddathlu canmlwyddiant a hanner codi Caersalem.

pennaeth yr ysgol honno erbyn hyn. A dydi Rhodri, y mab ieuengaf, a'i deulu ddim ond cyn belled o Gwm Gwaun â Chrymych. Yn ôl Vivian, 'S'dim unman gwell na Chwm Gweun i fagu plant.' Ond fe ychwanegodd, hefyd, ei bod hi'n 'ddanjerus' i ddweud dim byd am neb arall achos 'bo lot yn perthyn i'w gily' 'ma'.

Ar un ystyr mae'r Cwm yn fyd crwn, cyfan, i'r ddau ohonyn nhw a chadw'i draddodiadau yn Gristnogol ac yn ddiwylliannol yn ddyletswydd ac yn fraint.

''Ni'n dala i gadw'r Hen Galan,' ymffrostiodd Bonni gyda balchder.

'Ond dw i ddim ariôd wedi macsu,' ychwanegodd Vivian wedyn, yn symud at yr hen arfer o fragu cwrw cartref sy'n gymaint rhan o ddathlu'r ŵyl honno. 'Ond wedd Mam.'

'Ond ma fe yn ei yfed e!'

'Na, Hedd ni sy'n macsu. Chi am ei weld e wrth y gwaith?'

Felly, dyma fynd 'lawr yr hewl' i Dŷ-gwyn i weld bragwr y teulu wrth ei waith. Yn fy niniweidrwydd roeddwn i wedi meddwl am fragdy go helaeth – fel rhai John Smith neu Carlsberg UK – ond ffatri un dyn oedd hon. Roedd Bonni a Vivian hefo mi a'r plant yn mwynhau'r rhialtwch ac yn hen gynefin â'r grefft.

''Ma'r offer,' meddai Hedd, yn llusgo boiler, un drydan, allan i'r awyr agored. 'Dw i 'di dod â fe mas i chi ei weld e. A gweud y gwir, dw i'n lico dod mas i'r awyr agored i 'neud y macsu.'

'Be, yr oglau?'

'M!' a nodio'i ben. 'Wi'n llanw hwn lan gyda dŵr ac unweth ma' fe wedi dod yn ferwedig fydda i'n rhoi molt i miwn gyda 'chydig bach o shwgur, a'i adel e i ferwi am sbel a chi'n adio'r hops wedyn.'

A chan fod boiler, fel tegell, o gael eu gwylio, yn hir iawn, iawn yn codi berw dyma fynd ati i sgwrsio gyda Hedd am y grefft o 'facsu'.

'Ma' fe'n gryfach na be gewch chi mewn pwmp.'

'Pwmp?'

'Mewn tafarn.'

'O!'

Ond, wrth fynd hebio, mi ddywedwn i mai cefnder i Vivian, un arall a fagwyd yn y Cwm, ydi'r awdurdod ar hanes y macsu – ac esgob ar ben hynny. Fe ysgrifennodd yr

93. Ni'n tri yn nrws y tŷ.

Esgob Saunders Davies ysgrif hwyliog ryfeddol ar y pwnc. Yn ôl a glywodd o, fe ddibynnai cryfder y ddiod ar hyd y berwi. 'Fe wnâi whilben fain y tro ar gyfer y cynhaeaf, ond i wynebu oerfel Ionawr a chodi hwyl yr Hen Galan roedd angen cic go lew.'

A'r boeler yn dal yn llugoer, a'r cogio macsu ar fy nghyfer i yn rhan o'r gêm, dyma nôl crogiad o'r tŷ – un wedi hen sefyll – imi gael ei brofi. Barn amryw o'r cwmni, rhai a oedd yn hen gynefin â gwahanol frandiau o gwrw, oedd ei fod fymryn yn wan. Fy nghred i, fodd bynnag, oedd y byddai'r union beth i doddi farnis wedi hen g'ledu.

Ond doedd Saunders Davies, chwaith, ddim yn cofio gweld neb yn feddw gaib ar yr Hen Galan. Ond mae ganddo gof am griw 'yn gwneud pob math o jincs ar lawr y gegin wrth lunio cylch mawr i ganu'r "Okee Kokee" dan arweiniad Mr W. J. Davies, codwr canu Caersalem, Dyfed!'

Gydol y blynyddoedd bu'r carnifal lleol, 'Carnifal Cwm Gweun', yn eitem bwysig ar galendr Penlanwynt. Y Llun olaf ym mis Awst ydi'r dyddiad a phawb o'r teulu, os yn bosibl, i wisgo i fyny ar gyfer yr achlysur. Mae'n debyg mai gwisgwr anfoddog fu Vivian o'r crud ymlaen, 'Dw i'n cofio'r carnifal cynta eriôd yn un naw pump tri a finne 'di rhedeg i gwato am bo fi ddim ishe gwishgo lan. Ond gwishgo lan bu raid i fi.'

94. Dathlu'r Hen Galan, 2013. Rachel, Ruth a Tina – y tair wedi'u magu yn y Cwm – yn dod â'u plant o gwmpas i ganu. Wel, a gwledda.

O fyw mor agos at droed Carn Ingli fe ŵyr Bonni a Vivian yn dda am yr hen draddodiad fod yna ysbrydolrwydd arbennig yn perthyn i'r mynydd hwnnw. Mor bell yn ôl â'r bumed ganrif, meddir, byddai sant lleol o'r enw Brynach yn ei ddringo i ddarganfod serenedd a chael cymuno gydag angylion. (Ond trochfa at y croen ges i y tro diwethaf i mi grafangio i'w gopa; doedd hi'n un o bnawniau gwlypa'r flwyddyn.) Unwaith, wrth ymweld â Phenlanwynt, euthum i gwrdd â gwraig sy'n byw yn ei gysgod ac yn edrych yn ddyddiol i'w gyfeiriad, meddai hi, am ei hysbrydoliaeth. Yn wir, yn achlysurol aiff Emma Orbach i gysgu ar ei gopa i glywed calon y Garn yn curo.

'Ma' Carn Ingli yn amlwg iawn o'r fan yma,' meddwn i wrthi, a finnau newydd ei chyfarfod ar dir Brithdir-mawr ar gyrion Trefdraeth.

95. Carnifal Cwm Gwaun 1987 a'r trelar wedi ei addurno ym Mhenlanwynt.

'Mae'r ysbryd mor gryf,' eglurodd hithau gan daflu llaw, â chryn ôl gweithio ar y tir arni, i gyfeiriad y mynydd. 'Mae'n siŵr mai'r ysbryd o Garn Ingli sy wedi galw fi yma i fyw.'

Gradd mewn Tsieinëeg o un o golegau Rhydychen sydd gan Emma Orbach ac mae hi wedi dysgu'r Gymraeg. Ar droad y ganrif, gyda chymorth cyfeillion iddi, cododd dŷ crwn iddi hi'i hun yng nghanol coediach a brwgais gyda ffrwd fechan yn llifo heibio i'w ddrws. Ac yno ar ei phen ei hun, ar y 'tir ysbrydol' chwedl hithau, mae hi'n byw. Yn llythrennol, mae Emma'n gorwedd gyda'r hwyr ac yn codi gyda'r wawr, heb na gwres na golau ac yn ymdrochi yn yr afonig haf a gaeaf.

'Ma' popeth mor hyfryd yma. Dim stres o gwbl. Dw i bron yn chwe deg a dw i o'r diwedd wedi darganfod ffordd o fyw ac o fod yn hapus.'

96. Emma Orbach ar ei 'thir ysbrydol'.

Math o bantheistiaeth ydi cred Emma; arall ydi'r ysbrydolrwydd a berthyn i Vivian a Bonni. Ac er bod cadw traddodiadau chwedlonol a diwylliannol y Cwm yn fyw yn fwriad gan y ddau, mae cadw'r traddodiadau a berthyn i'r Ffydd Gristnogol yn gwbl hanfodol yn eu golwg – yn grwsâd yn wir.

'Y Gymanfa Bwnc a'r Gymanfa Ganu,' ebe Bonni, 'wên i'n dwli ar y ddou achlysur. Wedd rheini'n adege mowr yn y flwyddyn i fi. Canu adeg y Pasg a phwnco ar y Sulgwyn. Ma'r ddou beth yn dal i fynd 'da ni.'

A chan mai sgwrs uwchben paned oedd hi ar y pryd, dyma'r ddau yn gwthio'r llestri te oddi ar y ffordd, edrych i fyw llygaid ei gilydd, i gael y cydamseru'n iawn, ac yna ei 'phwnco' hi: 'Yr-Arglwydd-yw-fy-Múgail. Ni-bydd-eisiau-árnaf. Efe-a-wna-i-mi-órwedd. Mewn-porfeydd-gwélltog.'

97. Llywydd Mudiad Chwiorydd Bedyddwyr Cymru tu allan i gapel Caersalem yn 2004.

Ac fel yr eglurwyd i mi, mae'r traddodiad, yn ôl pob sôn, yn mynd yn ôl i'r cyfnod cyn i Harri'r Wythfed gael ei broblemau priodasol a thorri'n rhydd oddi wrth y Babaeth. Yr amcan yn wreiddiol oedd cadw Gair Duw yn fyw yn y cof, ar adeg anodd, a'i drosglwyddo i genhedlaeth arall. Byddai Vivian a Bonni yn cytuno gant y cant â'r amcan hwnnw.

I'r ddau fel ei gilydd mae eu gwreiddiau crefyddol yn bopeth iddyn nhw, yn rhan o'u gwead a'r ddau bob amser yn falch o gael canmol y gwreiddiau hynny. 'Gallen ni ddim fod wedi cal gwell magwreth mor bell â we cred yn y cwestiwn,' ebe Bonni. 'Wedd Bethlem, o dan arweiniad y gweinidog a'i wraig, yn fagwrfa berffeth i fi.'

Yr un oedd profiad ei gŵr. 'Fe geson ni'n magu i fod yn ffyddlon i'r oedfaon ac unrhyw beth arall sy'n gysylltiedig â chapel, a ma hwnna 'di aros 'da fi. Os na fydd Bonni a fi yn y capel yna ni'n sâl neu ar wylie. A 'sdim gwylie'n amal yn tŷ ni! Bydda i'n colli Sul neu ddou 'fyd amser ŵyna falle.' Ond chwarae teg, byddai'r Bugail Da ei hun yn ystyried porthi'r ŵyn ac ymgeleddu'r mamogiaid yn ddyletswydd ddwyfol ar amaethwr, Sul neu beidio.

Mae Vivian yn ystyried awr ei fedydd yn brofiad nad â'n angof ganddo. 'We cal 'y medyddio a dod yn aelod yng Nghaersalem yn bwysig i mi a bydda i byth yn anghofio'r profiad o fynd o dan y dŵr a phawb yn canu "Diolch, diolch iddo byth am gofio llwch y llawr".' Ond fel nifer o Gristnogion, gydol y canrifoedd, gall Bonni angori ei phrofiad yn fwy penodol a neilltuol a'i glymu wrth union awr a lle – a hynny pan oedd hi'n ifanc iawn, iawn. Mae'n dal yn brofiad real iddi ond yn un i'w wrando, hwyrach, yn fwy nag un i'w ddarllen ar bapur. Oherwydd mae'r angerdd a berthynai i'r profiad hwnnw yn dal gyda hi o hyd:

99. Daeth Y Parchedig Alwyn Daniels yn weinidog i Gwm Gwaun, lle maged ei briod, yn 1982. Gŵr talentog, yn gerddorol a chreadigol, a'r gymdeithas yn ogystal â'r eglwysi wedi elwa o'i weinidogaeth.

> Ma'r noson y safes i ar fy nhrad yn y gyfeillach ar ôl oedfa'r hwyr a cherdded 'mlân i'r sêt fowr, yn dal yn fyw iawn yn y cof. Wedd y gwinidog yn cynnal cyfeillach bob hyn a hyn ac yn gofyn wedyn a wedd rhywun yn y gynulleidfa'n teimlo yn ei galon ei fod am dderbyn yr Arglwydd Iesu'n waredwr. Wên i 'di penderfynu ers peth amser, ond heb weud dim wrth neb. Wedd yr olwg ar wynebe Dada a Mama a'r gwinidog a'i wraig yn werth ei gweld a'r dagre'n llifo lawr eu gruddie – a'm rhai i 'fyd! Dw i'n greadur emosiynol iawn a phan ddath diwrnod

fy medydd – diwrnod ar ôl 'y mhen-blwydd yn bedair ar ddeg wed – we ddim stop ar y dagre! Mae pawb sy'n fy adnabod yn gwybod pan gaf fy nghyffwrdd gan ddarlleniad neu bregeth neu emyn, bod y dagre yn tasgu i'r llygaid. 'O na, co Mami off 'to!' mae'r plant wedi dweud amdanaf lawer gwaith. Wel, gallaf eich sicrhau chi nad oedd pall ar y dagre'r diwrnod hwnnw! Wedd y peth yn golygu cyment i fi a finne'n teimlo mor agos i'm Gwaredwr.

I nifer o Fedyddwyr y cefais eu cwmni ar y daith mae'r bedydd trochiad yn hanfodol i iachawdwriaeth. A chan fod teulu Penlanwynt yn Fedyddwyr mor selog, a rhai o'u profiadau mawr ynghlwm wrth y ddefod honno, bûm yn tybio mai dyna fyddai eu cred hwythau.

'Na,' oedd ateb Vivian. 'Wedd 'y nhad yn Eglwyswr a'n fam yn Fedyddreg a buo ddim enwad yn bwysig yn tŷ ni eriôd.'

'Na, dim o gwbl,' meddai Bonni, wedyn. 'Derbyn yr Arglwydd Iesu Grist miwn i'ch bywyd yw hanfod iachawdwriaeth. Rhywbeth allanol yw Bedydd ac am mai Bedyddwreg wdw i, wrth reswm wedd y datganiad cyhoeddus hwnnw – o flân cynulleidfa fowr – fy mod yn credu yn yr Arglwydd Iesu Grist yn weithred bwysig i mi. Na, perthynas *one to one* gyda Christ – hwnnw yw'r peth.'

Wrth gwrs, fel gydag unrhyw brofiad cadw gwres y cariad cyntaf rhag oeri sy'n anodd. Mor aml, gyda gofalon gwaith a theulu, profiadau'r daith ac ambell oerwynt, fe

all y fflam losgi'n isel a hyd yn oed ddiffodd. Bu Bonni yn ddigon gonest i rannu ei phrofiad hi gyda thyrfa mewn anerchiad a draddododd hi pan oedd hi'n Llywydd Mudiad Chwiorydd Bedyddwyr Cymru. Benthyca oddi ar Waldo, bardd y Preseli, wnaeth hi i gael y testun – gwerth yr 'Un Funud Fach'.

Ie, roedd Waldo wedi'i gweld hi on'd oedd e, wedi gweld gwerth yr aros am funud fach i gofio? Rhoi un funud fach o'r neilltu bob dydd. Dw innau wedi dod yn gredwr cryf hefyd mewn rhoi o'r neilltu'r un funud fach honno. . . . Pan own i adref ar y fferm, hynny yw cyn i mi gael swydd llawn amser, fe fydden i bob amser, ar ôl clirio'r ford a golchi llestri brecwast, ac wedi helpu Vivian gyda'i orchwylion boreol pe byddai angen gwneud hynny, yn mynd i fy llofft ac yn treulio rhai munudau yn darllen ac yn myfyrio a gweddïo. Rown i'n gwneud hyn bob dydd ac yn ffeindio ei bod hi'n help mawr i wynebu'r diwrnod ar ôl bod yn sgwrsio â Duw neu ddarllen amdano, neu efallai weithiau, dim ond meddwl amdano . . . Wedi i mi ddechrau gweithio, ar y dechrau, fe fydden i'n codi'n ddigon cynnar i ffitio hyn mewn cyn mynd i'r gwaith. Ond fel yr aeth amser yn ei flaen, fe fydden yn ffeindio fy hun yn yngan gair o weddi frysiog yn y car ar y ffordd i'r gwaith, ac o dipyn i beth, yng nghanol prysurdeb bywyd yn ffeindio bod diwrnodau wedi mynd heb i mi fod wedi hyd yn oed meddwl am Dduw. A dyna wahaniaeth yr oedd yn gallu gwneud i fywyd rhywun wrth beidio â bod mewn cyfathrach â Duw.

Ond ddegawd yn ôl fe aeth y fflam i losgi'n is nag arfer. Pan anwyd Sioned, merch i Rhodri, y mab ieuengaf, a'i wraig Tracy aeth y teulu cyfan drwy gyfnod anodd iawn. Am iddi gael ei geni ymhell cyn pryd, bu'r fechan yn ymladd am ei bywyd am sawl mis a dim sicrwydd y deuai hi drwyddi. Yna, ychydig yn ddiweddarach fe aned Owain, mab ieuengaf Enfys a'i gŵr, Chris, heb ddiaffram a chafodd lawdriniaeth

i osod un. Fe'u rhybuddiwyd am hynny cyn iddo gael ei eni. Ond wedi'r driniaeth gwaethygodd ei gyflwr nes bu'n rhaid ei hedfan mewn awyren i Ysbyty Great Ormond Street yn Llundain. Ond ddaru'r fflam ddim diffodd.

'Cyfnod anodd oedd hwnnw,' eglurodd Bonni, 'a barodd naw mis i gyd. Llawer wedi gweud wrtho i, "Sai'n gwybod shwt ichi'n gallu cadw i fynd". Wel, wy i'n gwybod shwt. We'n ffydd ni'n ein cynnal. Dyna'r profiad i'r ddou ohonom. Gwbod ei fod E wrth law o hyd i 'rondo cri.'

'Ie,' ategodd Vivian, ei gŵr, 'pwyso ar Iesu.' Ac yn wyneb ffydd o'r cryfder yna dim ond dau ymateb sydd yn bosibl – edmygu neu ddirmygu. O glywed yr hanes,

101. Y criw fu'n perfformio'r sioe gerdd Seimon mab Jona yn Ebrill 1990 a Hedd, mab Penlanwynt, yn chwarae rhan Seimon.

102. Plant Cylch Carn Ingli gyda'r Ffagl Olympaidd a ddaeth o gwmpas eu hardaloedd yn 2012.

fwy nag unwaith, edmygwr ydw i. Ac fe ddaeth haul eto ar fryn, a hynny ddwywaith yn olynol.

Ond rhag ofn i neb feddwl mai crefydd tywydd drwg, yn unig, yw Cristnogaeth Bonni a Vivian Davies, ac mai'r nodyn lleddf a drewir yn amlach na pheidio, y gwrthwyneb yw'r gwir. 'Ar un cyfnod,' meddai Vivian, 'ceson ni lot o sbort yn teithio ar hyd ac ar led y wlad yn cyflwyno nosweithe llawen.' Yna, pan symudodd Alwyn Daniels i'r fro yng nghanol yr wythdegau, i fugeilio pedair o eglwysi'r Bedyddwyr yng Nghylch Carn Ingli – yn cynnwys Caersalem – daeth sioeau cerdd i fri a theulu Penlanwynt yng nghanol bwrlwm y creu a'r perfformio. Y gweinidog oedd yn ysgrifennu a chynhyrchu'r sioeau hynny ac fe'u perfformid yn y Cwm a'r pentrefi cyfagos: *Wes Twll yn y Cloc* – hanes Jemeima neu *Y Wasgod Goch* – hanes Barti Ddu. Mae gan Bonni, a hi ydi archifydd y teulu, luniau a thoriadau papur newydd am y digwyddiadau hynny. (Yn wir, mae Penlanwynt yn archifdy ynddo ei hun gyda chyfoeth o ddefnyddiau am hanes a digwyddiadau Cwm Gwaun dros y blynyddoedd.) Ond i Bonni a Vivian, wrth iddyn nhw edrych yn ôl dros weithgarwch y blynyddoedd, *Seimon Mab Jona* – sioe gerdd arall a ysgrifennwyd gan Alwyn – oedd yr awr fawr a Hedd, eu mab hynaf, yn chwarae rhan Seimon.

Fel y gwn i o brofiad mae creu a chynhyrchu sioeau o'r fath yn dasg enfawr. Ond mae gwneud hynny, dybiwn i, heb adnoddau a chyfleusterau theatr gyfoes yn gofyn am ddyfeisgarwch ychwanegol. Dyna faint cyfraniad Alwyn Daniels i blant ac ieuenctid cylch Carn Ingli. Ac fe gafodd y sioe *Seimon Mab Jona* gryn gyhoeddusrwydd gydag adroddiad llachar am y sioe yn ymddangos yn y *Tivy-Side*:

Gwledd i'r glust, i'r llygaid a'r enaid! Dyna gafwyd gan griw Ieuenctid Carn Ingli wrth iddynt gyflwyno y ddrama gerdd "Seimon Pedr" yng nghapel Tabor, Dinas, ar nos Lun Ebrill 9 eleni . . . Criw o rhyw 42 o blant o ddeg oed i fyny i'r ugeiniau cynnar oedd y corws, ynghyd â'u hyfforddwr, y Parch. Alwyn Daniels, a oedd hefyd yn gyfrifol am ysgrifennu'r sgript a chyfansoddi'r alawon a'r geiriau . . . Daeth y diweddglo wrth i'r corws gyd-ganu "Hei, Seimon, mae dy Arglwydd eto'n fyw" . . . Ni ellir llai na theimlo balchder hefyd, ynghyd â diolchgarwch, am fod rywun yn yr ardal sy'n barod i roi o'i amser ac o'i ddawn i'r ieuenctid hyn.

Ac o sôn am hynny, hwyrach mai dyma'r fan imi grybwyll teyrnged Vivian a Bonni bob amser i'r weinidogaeth Gristnogol. Pan ofynnais i'r ddau, ar wahân i'w gilydd, pwy fu'r dylanwad pennaf ar eu bywydau tu allan i gylch y teulu, gweinidogion eu blynyddoedd cynnar enwodd y ddau. A Vivian yn ychwanegu, 'Ma'r ddou ohonom yn ddyledus iawn 'fyd i'n gwinidog presennol, y Parch. Alwyn Daniels, am gadw i ddwrhau'r hade a heuwyd yn ein plentyndod a'n harddegau.'

Ymhen blynyddoedd, a'r plant yn tyfu i fyny erbyn hynny, cafodd Bonni alwad ffôn yn gofyn 'a wedd whant mynd nôl i'r banc arni' am gyfnod a thros dro. 'We ddim gwragedd ffermydd yn mynd mas i weitho yr adeg 'na,' eglurodd. Yna, yn nes ymlaen, aeth i weithio i'r *Tivy-Side Advertiser*. O sôn am y papur hwnnw, mae gen i atgofion am fod yng Nghwm Gwaun ac inni alw ym Mhen-feidr, cartref Golygydd y *Tivy-Side* a'i briod – Aneirun a Joyce Evans. Y pnawn hwnnw roedd y gerddi yn agored i'r cyhoedd a'i wraig ac yntau'n paratoi te pnawn i ymwelwyr. Yn crwydro rhwng y byrddau, ac o fewn hyd braich inni, roedd yna lwynog braf. Yn ôl gŵr y tŷ, roedd o'n ymwelydd cyson ac yn lloffa rhwng y byrddau am y gweddillion y byddai'r bobl ddiarth wedi eu sbrianu.

Wedi gweithio ym myd newyddiaduraeth am yn agos i ddegawd penderfynodd Bonni newid cwch. Ar y pryd, mae gen i gof inni fel teulu rannu pryd o fwyd hefo nhw yn Abergwaun, un noswaith, ac iddi hithau grybwyll y peth. Roedd yna swydd yn cael ei

103. Meddai Bonni, 'Heblaw am fy rhieni, s'dim dwywaith ma'r Parchedig Evan John Williams a'i wraig Eirlys a gafodd y dylanwad mwya' arna i. Wen nhw'n 'siampl mor dda'.

hysbysebu gan Undeb Bedyddwyr Cymru am Gynorthwy-ydd Personol i weithio yn swyddfa'r Undeb a theimlai Bonni ei bod hi'n cael ei harwain i ymgeisio amdani.

Serch pob cilio, yn ôl eu gwefan mae gan y Bedyddwyr yng Nghymru o hyd, o gyfrif yn y ddwy iaith, gynifer â phedwar cant a hanner o eglwysi a phymtheng mil o aelodau. Ac amcan yr Undeb – yn ôl y wefan eto – ydi 'dyrchafu Iesu yn Arglwydd Bywyd' a 'chefnogi a chalonogi'r eglwysi i gyrraedd y nod hwnnw'. O'r herwydd, i Bonni golygai hynny nid yn unig newid cwch ond, yn ogystal, fyrddio cwch yn hwylio i gyfeiriad gwahanol. Gallai, wedyn, ystyried ei gwaith nid yn unig yn ddyletswydd ond yn fath o weinidogaeth i'w chyflawni. Meddai, wrth gymharu'r ddwy swydd, 'Y ddolen gyswllt fwya', wrth gwrs, yw'r gair newyddion. A braf o beth, bellach, yn fy swydd bresennol, yw bod yn rhan o rannu newyddion da'r Efengyl.'

'Gweddnewidiad i gapel' oedd un o benawdau tudalen flaen *Y Llien Gwyn*, Papur Bro Abergwaun a'r Cylch, yn

104. Te pnawn ym Mhenfeidr, Cwm Gwaun, bryd hynny cartref Golygydd y *Tivy-Side* a'i briod a chartref y llwynog hwnnw oedd yn lloffa rhwng y byrddau.

Ebrill 2007 a 'Dathlu ail agoriad capel mewn steil' oedd pennawd mwy ffansïol y *Tivy-Side* dair wsnos ynghynt. Dyna'r cyfnod pryd y trowyd capel hynafol Caersalem, Dyfed, yn eglwys gadeiriol. Roeddwn i wedi rhoi fy nhrwyn i mewn ynddo wedi'r gweddnewidiad ond fawr ddim mwy na hynny. Felly, un gwanwyn dyma benderfynu ymweld unwaith eto â Chwm Gwaun i gael golwg fanylach ar y capel, cael eistedd unwaith eto yn ei dawelwch a gwneud hynny yng ngwmni dau sy'n caru'r fan. Byddai'n gyfle, yn ogystal, i gerdded hen lwybrau ac ail-fyw hen ddigwyddiadau – a Nan yn gwmni imi'r tro yma.

Cwrdd eto yn Nhydraeth oedd y trefniant – ond yn y maes parcio swyddogol y tro hwn – ac aros yn amyneddgar nes gweld 'car ffarmwr' yn cyrraedd. Fe gyrhaeddodd i'r funud a chroeso'r ddau mor frwd ag erioed.

'Shwd ych chi 'te?'

'Cesoch chi siwrne weddol?' holodd Bonni.

'Drychwch 'ma, fe a' i o'ch bla'n chi nawr a fyddwn ni ddim o dro na fyddwn ni 'na.'

A'r ''na' y tro hwn oedd capel Caersalem. Ar ddechrau canrif newydd daeth aelodau'r eglwys i benderfyniad unfrydol mai gwell fyddai gwerthu'r festri, buddsoddi'r arian a'u defnyddio i addasu'r capel i fod yn adeilad amlbwrpas. O ran ei adeiladwaith un o'r blychau hirsgwar ydi Caersalem, wedi ei gynllunio a'i adeiladu yn 1841– ar ddechrau Oes Fictoria. Erbyn hyn, fel man i addoli ynddo mae'n perthyn i heddiw. Cadwodd y pulpud ei le, beth bynnag am ei led, ond gweddnewidiwyd y tu mewn i

105. Y gweinidog gyda May Davies, mam Vivian, un o'r ffyddloniaid, adeg ailagor y capel.

greu addoldy ysgafnach ei wedd a hwylusach ei ddodrefn. Erbyn Mawrth 2007, yn gynt na'r amser a nodwyd, roedd y gwaith wedi ei gyflawni a'r papurau lleol yn cario hanes yr arallgyfeirio a'r ailagor.

Meddai'r *Llien Gwyn*, 'Bellach, mae gan Gaersalem adeilad sydd yn gyfoes ac yn aml bwrpas, a hynny trwy ymdrechion nifer o adeiladwyr a chrefftwyr sydd yn aelodau yn y capel, ynghyd â llu o wirfoddolwyr a roddodd oriau lawer o'u hamser . . .'

Gwefr i deulu Penlanwynt yn ddiamau oedd mai mam Vivian, May Davies – yr aelod hynaf ond un, ar y pryd

106. Yr achlysur i'w gofio – heb nodi'r flwyddyn – oedd dathlu pen-blwydd Bonni yn drigain oed. O'r chwith, yn y rhes gefn, mae ei hunig ferch, Enfys a'i gŵr, Chris; Rhodri a'i briod Tracy ac yna Hedd a'i wraig, a dau o'r wyrion, Emyr a Gethin. Owain a Sioned gyda mamgu a thadcu yn y rhes ganol a Cira, Rhydian, Tomi, Cerys a Llŷr yn y rhes flaen.

– a gafodd y fraint o ailagor drws y capel wedi'r addasu. Meddai'r *Tivy-Side* wrth gofnodi'r digwyddiad cofiadwy hwnnw, 'Daeth tyrfa fawr ynghyd ar Fawrth 25 i oedfa ail agor capel Caersalem . . . Cyn gorffen yr oedfa, aeth y gweinidog a'r chwaer May Davies i dorri'r deisen a wnaed gan Bonni Davies ac a roddwyd yn anrheg i gofio'r achlysur.' Yna, yn unionsyth wedi'r gwasanaeth daeth y capel amlbwrpas i'w oed a dangos ei werth, 'Wedi'r oedfa, synnwyd pawb at y ffordd ddidrafferth y cafodd y cadeiriau eu troi ac yr ymddangosodd y byrddau er mwyn i bawb fwynhau digonedd o de er mwyn dathlu'r ail agoriad mewn steil.' Wedi'r cwbl, a dyfynnu hen idiom, 'wrth ei flas y mae profi gwerth y pwdin'.

Ond o adnabod Bonni a Vivian, ac eraill o'r aelodau, amcan y cyfan oedd nid newid dodrefn o ran ffansi a ffasiwn ond, yn hytrach, addasu cysegr gyda'r gobaith yr enillid to newydd o Gristnogion i gadw'r dystiolaeth yn fyw yng Nghwm Gwaun ac yng Nghylch Carn Ingli.

Y mis Mai hwnnw, wrth aildroelli i fyny'r ffordd gul, serth, o Drefdraeth i gyfeiriad y Cilgwyn, ac ymlaen wedyn, doedd Penlanwynt ddim yn anhygyrch ond yr un faint yn union oedd maint y croeso. Erbyn meddwl, ar wahân i amser, ychydig sydd wedi newid. Fel ar ein cyfarfyddiad cyntaf, ddeng mlynedd ar hugain yn ôl, mae'r brwdfrydedd dros yr efengyl a'r awydd i'w dathlu hi'n hwyliog a grymus, yn berthnasol a chyfoes, yn dal yn fyw ar aelwyd Penlanwynt. A dydi'r ffydd, na'r cariad na'r gobaith a welais i bryd hynny ddim wedi oeri dim.

Ebe Vivian, 'Dw i ddim yn berson sy'n 'drych yn ôl. 'Drych 'mlân sy ishe.'

'Hawdd iawn danto am y sefyllfa,' ategodd Bonni, 'ond ma 'na storïe da i'w hadrodd o hyd. Ma' Duw yn dal i siarad â'i bobl. Ac fel 'ny y bydd hi glei!'

Ac am unwaith fe adawaf i Vivian gael y gair olaf, 'Jiw, ma' pobl sy ddim yn mynd i'r capel yn miso mas ar lot.'

Gareth Maelor

107. 'Cerdyn oedd Gareth Maelor,' meddai'r Prifardd Geraint Lloyd Owen. 'Roedd ganddo fo wastad gerdyn i fyny ei lawes.'

M AE HI'N ANODD COELIO, ond ar yr un cae pêl-droed, yr un pnawn yn union ag y gwelais i Idwal y disgynnodd fy llygaid am y waith gyntaf ar Gareth Maelor. Roedd o'n llwyd ei wedd, yn swatio mewn côt uchaf drom, ei choler at ei wegil a sgerffyn rownd ei wddw. Cerdded y dalar roedd yntau, fel Idwal, ond am reswm gwahanol. Roedd o wedi dal dos drom o'r clwy melyn a'r Prifathro wedi'i anfon adref i Flaenau Ffestiniog i brysuro'i wellhad. Yn wahanol i Idwal, roedd gan Gareth ddigon o ddiddordeb i ddychwelyd i'r Bala am bnawn – serch ei afiechyd. Nid yn gymaint i wylio'r gêm, hwyrach, ond ar gyfer y gwmnïaeth a geid yn dilyn gornest o'r fath. Roedd Gareth bob amser yn gwmnïwr eiddgar. Ond sgwrs fer a fu rhyngom wedi'r gêm a hynny dros blatiad o sglodion yn un o gaffis y dref.

Ar ffiniau ciw bỳs ar y Maes ym Mhwllheli y bu'r ail gyfarfyddiad a hynny rai misoedd yn ddiweddarach. Erbyn hynny, roeddem ein dau yn gweithio dros dymor yr haf, fel sawl haf a oedd i ddilyn, i Gwmni Bysus Crosville: Gareth ym Mlaenau Ffestiniog a minnau ym Mhwllheli. Eto, sgwrs gynnil fu hi'r pnawn hwnnw wedyn.

''Ti'n mynd i Abar mis Medi?' Y Coleg Diwinyddol yn Aberystwyth oedd y fan honno.

'Ydw,' meddwn innau.

108. Wedi ymneilltuo i dŵr Coleg y Bala, man annisgwyl. I gael hamdden i ddarllen mae'n fwy na thebyg.

'Be am inni rannu stafell 'ta?'

'Iawn. Ond y Prifathro, medda nhw, sy'n penderfynu peth felly.'

'Gad ti'r trefniadau i mi,' oedd y cyngor.

Erbyn cyrraedd Aberystwyth ddechrau Medi roedd y 'trefniadau', chwedl Gareth, wedi'u gwneud ac ystafell wedi'i neilltuo ar ein cyfer ni ond ei bod hi ar y pumed llawr; roedd edrych allan drwy'r ffenestr yn ddigon i godi pendro ar fwnci. Fûm i erioed yn gwbl glir fy meddwl sut y gwnaed y trefniant. Ond fe allai Gareth droi ambell i fraich pan fyddai angen hynny. A serch mai dim ond tri thymor digon cwta a barodd y cyd-letya hwnnw – roeddwn i i briodi ddiwedd y flwyddyn honno a symud i fyw allan yn y dref – fe dyfodd yna gyfeillgarwch clòs rhyngom a ddaliodd droeon oes.

Gallai droi'i law at bob math o grefftau ond heb oedi'n ormodol hefo'r un. Mae gen i gof mai argaenwaith, *marquetry*, oedd yn mynd â'i fryd yn ystod wythnosau cynta'r tymor a'r ystafell yn llwch lli byw. Symud wedyn at lunio cartwnau neu beintio golygfeydd, ysgrifennu i'r *Goleuad* neu lunio modelau clai. Yn ogystal, wrth gwrs, â chwarae castiau. Roedd o'n bencampwr ar y gwaith hwnnw. Eto, serch pob diwydrwydd a direidi, mi nofiodd drwy arholiadau diwedd tymor yn hwylus ddigon. Wrth gwrs, yn ddyn deg talent fe allai, drwy ganolbwyntio, fod wedi disgleirio.

Wedi imi adael ein goruwchystafell y digwyddodd y pranc enwocaf o bob un. A chan i *Golwg* gyhoeddi'r saga honno'n union wedi'i farw mae'n ddiogel i minnau gyfeirio ati. Byddai hynny at ei ddant. Diau fod y Prifathro wedi bod yn harpio hyd at ormodedd am y ddyletswydd i rai â'u bryd ar fod yn weinidogion hefo'r Hen Gorff osgoi'r ddiod feddwol o bopeth yn y byd. O ran direidi, fe luniodd Gareth fath o wadnau sgidiau, eu peintio'n wyn a'u cael yn cerdded o ystafell y Prifathro ar draws y stryd at ddrws tafarn a oedd yn union gyferbyn. Yna eu cael wedyn, chwedl *Golwg*, 'yn igam-ogamu eu ffordd yn ôl' i'r Coleg yn feddw gaib. Ffrind i Gareth, Sais ac un sydd wedi ein hen adael, a gafodd y syniad. Mae gen i gof nad oedd gan Peter ddiddordeb yn y byd mewn ffwlbri – pranc cofiadwy neu ddim.

109. Gareth, 'y bachgen main', yn nyddiau Aberystwyth. Yn smociwr brwd bryd hynny!

Byddai'r storm, mae'n debyg, wedi gostegu'n fuan oni bai fod y paent a ddefnyddiwyd, o'i roi ar darmac, yn anodd ei godi. Yn wir, fe aeth hi'n drafodaeth gyfreithiol pwy oedd i ddileu'r olion traed: y Coleg Diwinyddol,

110. Nodyn Gareth ei hun o dan y llun: 'Mam a 'Nhad, siop a llythyrdy Caersalem; hen siop Marshall lle bu 'Nhad yn was bach yn syth o'r ysgol'.

Cyngor Tref Aberystwyth neu'r meddwyn simsan – petai'n bosib gwybod pwy oedd hwnnw. Y drwg arall oedd fod rhai o ddarlithwyr y Coleg yn mwynhau'r digwyddiad lawn cymaint â'r bechgyn. Bu'r olion traed yn croesi Stryd y Pier yno am gyfnod gweddol hir ond cadwyd y gyfrinach am fwy o amser na hynny.

Dyn â sawl haearn yn y tân a fu Gareth bob cam o'r daith. Yn ogystal, roedd o'n un i daro'r heyrn hynny pan oedd y rheini'n boeth. Pan gafodd gip ar labrador melyn drwy ffenestr siop yn Aberystwth ymserchodd ynddo yn y fan a'r lle. Erbyn hynny roedd Patti Page a 'How much is that doggie in the window?' wedi disgyn o frig y siartiau a phrun bynnag doedd y ci ddim ar werth. Angen cartref roedd y ci a'i ddau lygad ffeind, mae'n debyg, yn tanlinellu hynny. Funudau'n ddiweddarach roedd o'n trotian allan o'r siop a Gareth yn ei dywys wrth dennyn. Fe wyddai mai unwaith y ceid y ci i Flaenau Ffestiniog y byddai popeth

111. Mam Gareth, Margaret Blodwen, ond a ddaeth yn 'Nain Stiniog' yn ddiweddarach.

yn dda; roedd ei rieni newydd fudo i dŷ ffarm â digon o libart. Heb ganiatâd, bu'r ci'n cysgu noson neu ddwy ar wely sbâr yn atig y Coleg a rhai o'r myfyrwyr yn ei or-fwydo – yn fwriadol hwyrach. Yn y car wrth droellio i fyny drwy Gorris yr aeth y ci druan yn sâl – yn sâl ci. Ond stori arall ydi honno. Wedi cyrraedd Blaenau Ffestiniog cafodd y labrador flynyddoedd o ofal a rhyddid. Rhyddid, mae'n debyg, nad oedd erioed wedi'i brofi o'r blaen na breuddwydio amdano.

I mi, Blaenau Ffestiniog a'r fagwraeth a gafodd yno sy'n dweud yn gliriach na dim arall pwy'n union oedd Gareth Maelor. Fel y Frenhines Mari a'r gair *Calais,* roedd 'Blaenau' wedi'i ysgrifennu ar lech ei galon o – a 'Thanygrisiau', wedyn, fel atodiad. Un mlynedd ar hugain cyn ei farw cafodd wahoddiad i draddodi Darlith Flynyddol Llyfrgell Blaenau Ffestiniog ac ystyriai hynny'n un o'r breintiau mawr. Bu'n noson pan gafodd gyfle i dalu teyrnged i'w gynefin a gwnaeth hynny gydag arddeliad mawr. Bu'n noson, hefyd, pan gafodd gyfle i ddatgan ei

112. 'Taid Stiniog', Eleias Jones. Wrth ei hamdden, ac o flaen Llwyn Crai, Manod.

gyffes ffydd a hynny wrth yr union bobl a'i gwnaeth o yr un oedd o:

> Ac mae 'na nifer fawr o bobl y Blaenau â phaill eu cymeriadau wedi glynu yno'i. Dw i'n dal i ogleuo persawr personoliaeth y rhain . . . Fedra i ddim dygymod â phobol ffuantus artiffisial a hynny dw i'n siŵr oherwydd i mi gael fy magu ymhlith llawer o bobl oedd yn derbyn bywyd am ei werth. Pobl heb starts ar eu coleri na'u cymeriadau. Mae 'na fwy o ddoe yn perthyn i heddiw nag a feddyliwn. Y ddoe hwnnw sy'n peri 'mod i'n hoff o weld swigan snobeiddiwch yn cael ei byrstio.

Yn wahanol i mi, oherwydd ei sensitifrwydd, roedd Gareth yn agored i 'oriau mawr'. Roedd rhai felly bob amser o fewn ei gyrraedd. Wedi gadael ysgol ymunodd â Banc y Midland a bu'n gweithio yma ac acw i'r cwmni hwnnw.

Mwddrwg ymadroddus ydoedd

A direidus iawn yn llanc,

A sut y landiodd hwn mewn banc ...

Dyna oedd cwestiwn y bardd Gwyn Thomas, 'Stiniogyn' arall, mewn cerdd i'w gofio.

Cyfaddefai Gareth iddo bryd hynny, a defnyddio'i eiriau'i hun, 'fynd oddi ar y rêls'. Wn i ddim i fanylder beth oedd ystyr hynny – mân lithriadau, dybiwn i, o gymharu â'r codymu sy'n bosibl – ond mewn tŷ lodjin cafodd yr hyn a alwai bob amser yn 'brofiad ffordd Damascus', un a newidiodd ei fywyd a'i yrfa.

Cyn pen blwyddyn neu ddwy cafodd awr fawr arall, i glensio'r awr fawr gyntaf fel petai. Erbyn hynny roedd Gareth wedi ffarwelio â'r banc ac ar baratoi'i hun i fod yn weinidog. Noson y ddarlith cafodd y Fainc Sglodion glywed am yr awr honno hefyd:

Mae lledu a gwella'r ffordd o Rydsarn i Dan-y-grisiau wedi peri bod darn o dir wedi diflannu am byth, ac roedd y tir hwnnw'n ddaear sanctaidd i mi. Yno uwchben Ffynnon Doctor yng nghanol y coed ar ochr Cymerau i'r Ceunant Sych y ces i un o oriau mawr fy mywyd yng nghwmni'r diweddar Tom Nefyn Williams. Sadwrn y Pasg oedd hi ac yntau i bregethu'r noson honno yng nghapel Bethesda. Anghofia i byth mo'i ddywediadau bachog, ei gynghorion a'i weddi drydanol wrth iddo rannu profiadau yng nghysgod coed cyll. A minnau'n fachgen ifanc heb gael ei draed dano roeddwn i'n llyncu

ei eiriau gydag awch ac mi awn ar ôl ei gwmni fel cath am lefrith.

Yn amlach na pheidio fel 'Lei Becar' y byddai Gareth yn cyfeirio at ei dad a hynny gyda rhialtwch mawr. Yn ei ddydd, roedd Leias Jones yn un o gymeriadau mwyaf lliwgar y Blaenau a'r cylch. Pobydd oedd o wrth ei alwedigaeth – 'ma' gin Lei ddiawl o fara brith da!' oedd barn ei gwsmeriaid amdano – ac yn arfer boregodi. Ond roedd o'n foregodwr mewn ystyr arall hefyd. Ar derfyn oes o bobi a chrasu, ac wedi trosglwyddo'r becws i'w fab, Arthur, aeth ati i werthu ceir i berchennog garej yn y Manod. Yn nyddiau Porthmadog ato fo, yn anad neb arall, y byddwn i'n mynd i gyfnewid car. Roedd o'n un a fedrai werthu tywod i Arab a'i werthu'n rhydd ar ben hynny i arbed pris y bag. Fel Gareth yn union roedd ganddo, mae'n amlwg, ben da am fusnes a chalon yn llifo o garedigrwydd, 'Dyna chdi 'ta, wrth dy fod ti'n ffrindiau hefo'r hogyn 'cw mi cei di o am hyn a hyn. Ac mi safa innau'r gollad, yli.' Colled?

Fe ddywed rhai wrtho'i fod fy nhad yn dipyn o gymêr. Oedd o deudwch? Gwn ei fod o a chyfaill iddo yn wahanol iawn i bawb arall oedd yn addoli yng Nghapel Bethel . . . Mi fûm am hir yn methu deall pam roedden nhw'n mynd adra' o flaen y Cymun . . . Welais i 'rioed mo nhad yn feddw er y byddai weithia' yn codi'i fys bach. Roedd hynny a rhoi swllt ar geffyl yn bechoda' mawr yng ngolwg y saint. Fedra i ddim peidio ag edmygu gonestrwydd y ddau yn mynd o'r capel yn gydwybodol o flaen y Cymun am na fedrent deimlo'n edifeiriol. Sawl un ohonom sydd wedi cymryd y Cymun gan gredu ein bod yn twyllo'n hunain a Duw?

Os mai gyda rhialtwch y byddai'n sôn am branciau ei dad, gyda dwyster a thynerwch, gan amlaf, y byddai'n cofio am ei fam. Ddwywaith neu dair yn unig y bûm i yn ei chwmni hi ond gadawodd yr argraff mai ganddi hi roedd y gwerthoedd mawr. Rhyw dynnu sandalau oddi am ei draed y byddai Gareth wrth sôn amdani hi, fel petai'n cerdded daear a oedd yn sanctaidd yn ei feddwl. Oddi wrthi hi, yn ddiamau, y cafodd y ddawn i greu â'i ddwylo. Fe'i clywais yn dweud iddi yn ei dydd bwytho byddin o

ddoliau clwt i'w rhoi'n anrhegion i hwn ac arall. A phan fyddai'n rhannu ei atgofion amdani cawn y teimlad fod y darluniau a oedd ganddo yn rhai hardd a brau ac i'w trafod gyda gofal. Chwerthin hyd at ddagrau fyddai hi pan soniai am ei dad ond y math arall o ddagrau a fyddai'n agos pan gyfeiriai at ei fam.

Fel yr âi'r blynyddoedd yn eu blaenau fel 'Maelor', yn hytrach na Gareth, y cyfeiriai rhai ato. I mi, roedd yr enw'n swnio fymryn yn ffansïol ar hogyn a fagwyd rhwng y Manod a'r Moelwyn. Ond roedd ganddo chwedl am hynny hefyd. Wedi geni tri o fechgyn roedd ei fam yn mawr

114. Myfyrwyr Coleg y Bala ynghanol y pumdegau. Gareth yw'r pedwerydd o'r dde yn y rhes gefn. Yn y blaen, y Prifathro, y Parchg R. H. Evans, gyda'i briod ar y chwith iddo a'r Athro Hefin Williams ar y dde iddo.

115. Dydd o lawen chwedl, fel y cofia i'n dda. Priodas Brenda a Gareth yng Nghricieth – capel Seion, bryd hynny – fore Mawrth, 29 Medi 1959.

obeithio y byddai'r pedwerydd yn ferch; yn wir, roedd ganddi enw'n barod ar ei chyfer. (Ond pan awn i ati i'w holi beth oedd yr enw hwnnw chawn i ddim gwybod. Ofn i'r enw lynu, mae'n debyg!) Yn ôl Gareth, y meddyg lleol – a ddaeth ei hunan yn rhan o chwedloniaeth y Blaenau – a fathodd ei enw canol. Y diwrnod cyn geni Gareth roedd Doctor Morris wedi bod ar sgawt yn Nyffryn Maelor ac wedi mawr fwynhau rhyw frand arbennig o wisgi a yfodd yn un o dafarndai'r fro honno. 'Lei,' meddai, wedi i'r bychan landio, 'fydd raid iti bontio rhwng y Gareth a'r Jones 'na. Rho Maelor yn ail enw iddo fo, nei di? I gofio'r wisgi yfais i ddoe.' Pan safai – fel y bu'n rhaid i eraill ohonon ni sefyll – gerbron Bwrdd Ymgeiswyr am y Weinidogaeth a chael ei holi am yr enw canol celu'r gwir oedd y peth doethaf.

Ac o gyfeirio yn gynharach at Gwmni Crosville, yn swyddfa'r cwmni hwnnw ym Mhorthmadog – rhwng bŷs newydd gyrraedd ac i adael yn fuan wedyn am wn i – y bu i Brenda ac yntau daro ar ei gilydd am y waith gyntaf. Hi, ar y pryd, oedd yn rhedeg y swyddfa yn y Port. Esgorodd y syrthio cyntaf hwnnw yn nyddiau coleg ar hanner canrif, bron, o briodas ddiguro. Gyda'r blynyddoedd, bu'r ddau'n gefnogol ddoeth i'w tair merch – Esyllt, Gwawr a Swyn – a'r tair merch a'u teuluoedd wedyn yn talu'r gymwynas honno'n ôl ar ei chanfed. Un Nadolig, a ninnau'n byw

116. Y Gweinidog ifanc yn 1961 gyda phlant Moreia, Harlech. Fel bob amser, Gareth wrth ei fodd yng nghwmni plant a phlant wrth eu boddau yn ei gwmni yntau.

o fewn tafliad carreg i'n gilydd, fe ddaeth Begw – yr ieuengaf ond un o'r drydedd genhedlaeth – heibio i ni. Roedd ganddi ddraenog carreg i mi i'w roi ar ymylon y pwll pysgod, yn gwmni i'r gwningen a'r llyffant a ddaeth hi yma'r Nadoligau blaenorol. A minnau'r pnawn hwnnw, o weld ei phertrwydd, yn gofidio na chaiff Gareth gyfle i golli'i liw arni; ac na chaiff Begw, chwaith, y siawns i ddal dylanwad y dewin oedd ag allwedd i fywyd plentyn. Ond synnwn i ddim nad yw'r lliw yno'n barod, yn y genynnau.

Wedi cyrraedd i'r fan yma fy mwriad, o hyn ymlaen, oedd ysgrifennu bywgraffiad cryno a hynny'n gronolegol drefnus. Ond methiant fu'r ymgais; amhosibl ydi cadw arian byw heb iddo ddawnsio i bob cyfeiriad. Wrth i mi feddwl am Gareth, a hynny gyda phyliau mawr o hiraeth, deuai digwyddiadau a phrofiadau i'r wyneb blith draphlith, yn gymysgfa o'r llon a'r lleddf. Yn union fel y gwrthrych ei hun.

I ddechrau hefo'r dwys. Fel Tom Nefyn, yr âi 'ar ôl ei gwmni fel cath am lefrith', gallai Gareth syrthio i weddïo mewn mannau annisgwyl a chyda phobl annhebygol. I ddyfynnu Karen Owen, y bardd a'r newyddiadurwraig, mewn cerdd i'w gofio:

> fel tasa fo'n twangio saeth-weddi fyw
>
> neu'n anfon e-bost at ei Dduw . . .

Ac yntau'n glaf am dymor hir yn Ysbyty Gwynedd byddai Gareth a'r meddyg, Dr Jibani, yn gweddïo wrth y gwely; y meddyg yn Fwslim a Gareth yn Gristion. I Gristnogion adain dde eithafol roedd y peth yn anathema ond i Gareth roedd hynny mor naturiol â sgwrs rhwng tri. Bob amser, roedd defosiwn yn fodd i fyw iddo.

Roedd barddoniaeth yr un modd. Fel gyda'i waith coleg, petai gyda llai o heyrn yn y tân gallai fod wedi bod yn fardd peryglus. Bu felly am gyfnod. Yn nyddiau Abersoch barddoniaeth oedd yn mynd â hi, a ffrindiau agos o feirdd fel Dic Goodman o Fynytho a Geraint Lloyd Owen yn heyrn a oedd yn hogi haearn. Wedi ennill nifer o gadeiriau mewn eisteddfodau lleol aeth ati i roi cynnig arni yn y Genedlaethol. Fe gyrhaeddodd 'Pared Mawr' y dosbarth cyntaf yng nghystadleuaeth y Goron yn Eisteddfod Bro Dwyfor – 'Mae cyfoeth o iaith gan y bardd yma a bardd da ydyw'– ac yn nes ymlaen fe'i hurddwyd i'r Orsedd. Ond yn ddirybudd dyna roi'r haearn barddoni'n ôl yn y tân, cydio mewn un gwahanol a mynd ati i guro hwnnw.

Begw'n disgwyl cael

O'i holl gynhyrchion llenyddol i mi ei gyfrolau o weddïau a darodd ddeuddeg. Yn rhagluniaethol, rywfodd, pan oedd Gareth a minnau'n cychwyn allan i'r cynhaeaf cyrhaeddodd *Prayers of Life* – gwaith yr offeiriad Catholig o Ffrancwr, Michel Quoist – y byd Seisnig a'i ennill, a'n hennill ninnau. (Wedi'r cwbl, mae 500,000 o gyfrolau o weddïau'n wyrth o werthiant.) Yn ei gyfnod, Gareth yn anad neb arall a gyfieithodd ei arddull ac angerdd y weddi ymgomiol i'r iaith Gymraeg. Ond mae'i greadigaethau'n gwbl wreiddiol, yn union fel petai wedi byw'r weddi cyn ei hoffrymu na'i hysgrifennu. Fe wyddai'r Hollalluog yn iawn mai Gareth oedd yn galw:

Fe wyddost, Arglwydd, nad Tomos yw f'enw, ond 'rwy'n debyg iawn iddo.
'Rwy'n amau'r cyfan, weithiau, fel yntau gynt . . .

118. Braslun Gareth o Begw – yr ieuengaf ond un o'i wyrion, erbyn hyn – a hynny'n fuan wedi iddi gael ei geni.

Ar ôl meddwl, Arglwydd, 'dydw i ddim eisiau gweld ôl
yr hoelion.

'Does dim rhaid i Ti gerdded i Emaus eto.

Mi wn o'r diwedd paham y cefaist fedd mewn gardd.

'Rwy'n deall neges briallu Ebrill . . .

"O! Iesu byw, dy fywyd Di
Fo'n fywyd yn fy mywyd i."

Roedd ei ddireidi'n gwbl ddiddichell ac yn aml iawn yn
gwbl fyrfyfyr. Pan oedd Gareth yn criwtio wedi gwaeledd
dyma alw yn Nhir-bach, y cartref yn Llanwnda, a Huw
Jones yn gwmni i mi – wedi hen ymddeol o'i weinidogaeth
yn y Bala erbyn hynny. Ar y pryd roedd Huw yn paratoi'i
gasgliad anhygoel o eiriau ac ymadroddion byd amaeth.
Yn naturiol, fe lifodd y sgwrs at yr ymchwil – er na wyddai
Gareth ddim oll amdani cyn y noson honno. Yn sydyn dyma
fo'n holi Huw am air a oedd yn ddiarth i mi; yn annisgwyl
roedd o yr un mor ddiarth i Huw. Wedi rhoi winc, aeth ati
i ddyfeisio a Huw, erbyn hyn, yn gwneud nodiadau. Offer
pren at ddirwyn edafedd yn yr hen amser oedd y ddyfais,
meddai Gareth, ond yn eithafol brin erbyn hyn. Ond yn
ffodus roedd gan hen gwpl yn ardal Rhostryfan y feri peth.
Addawodd y trefnai i Huw gael golwg ar y teclyn ac roedd
hwnnw'n llaes ei ddiolchgarwch. Ond addewid dyn mewn
diod fu honno. I gadw'r direidi i lifo a'i addewid yn fyw bu
rhaid i Gareth lunio teclyn dychmygol, torri tyllau pryfaid
ynddo er mwyn i'r peth fod yn gredadwy a'i anfon i Huw.
Ond mae i Huw gymaint direidi ag oedd gan Gareth.

Mae enw'r ddyfais na fu, a manylion rhwysgfawr amdani, ymhlith y deng mil neu ragor o dermau sydd ym mhedair cyfrol Huw Jones, *Cydymaith Byd Amaeth*.

Fel gweinidogion ifanc daliwyd y ddau ohonom, fel eraill, gan ferw crefyddol a diwylliannol canol y chwedegau a dechrau'r saithdegau: *Pobl Iesu* ar y Sunset Boulevard yng Nghaliffornia bell, Arthur Blessitt yn cario croes bum pwys a deugain rownd y byd – 'The World's Longest Walk', yn ôl *Guinness World Records* – a *Godspell* a *Jesus Christ Superstar* ar lwyfannau'r West End yr un pryd â'i gilydd.

Fe chwythodd yr awel honno o draethau'r Pasiffig i Abersoch, i Borthmadog ac i sawl man arall a Gareth, fel y gellid disgwyl, ar flaen y gad. Y 'Wana Cristo' oedd enw'r fyddin o bobl ifanc ym Mhorthmadog a'r 'Gorchfygwyr' oedd y grŵp yn Abersoch a'r fro, ac roedd yna grwpiau eraill ar hyd ac ar led. Cryn feiddgarwch ar y pryd oedd

120. Y gyfrol yn un ddiddorol a'i theitl yn taro deuddeg.

mynd â phobl ifanc pymtheg oed i glybiau a thafarndai, mynd â nhw ar hyd ac ar led i gynnal ralïau cenhadol a chyn belled â Llundain i wylio'r sioeau cerdd oedd yn eu cyfareddu. Erbyn hyn, mae'r bobl ifanc hynny'n ganol oed ond yn dal i gofio. Un, Sian, yn cofio Gareth yn trefnu i siaradwyr sgwrsio hefo nhw, yn yr oes honno, am atal cenhedlu a pheryglon cyffuriau. Meddai hi, mewn e-bost, 'Roedd hynny'n reit radical mewn Festri Capal!' Y penllanw, hwyrach oedd 'Digwyddiad '73' ym Mhafiliwn Corwen a rhwng dau a thri chant o bobl ifanc yn bresennol – os ydi'r papurau newydd i'w coelio. A ninnau'n dau, fel eraill, yn tybio fod yna wawr wen olau ar dorri. Ond gostegu ddaru'r awelon, yn araf bach, ond nid heb adael eu bendithion.

Yn ganol oed cynnar, wedi pymtheng mlynedd yn y weinidogaeth draddodiadol, fe benderfynodd Gareth, a Brenda'n cytuno, gamu allan o'r plisgyn. O ganol y saithdegau ymlaen bu'r ddau'n Wardeiniaid Cartref Plant yn y Bontnewydd ar gyrion Caernarfon. Eglwys Bresbyteraidd Cymru oedd piau'r Cartref a Bwrdd o Ymddiriedolwyr a'i rhedai. Cafodd y ddau eu galw am gyfweliad ac fe glywais i ran o stori'r cyfweld hwnnw ganddo fwy nag unwaith.

'Ydach chi, Mistyr Jones,' meddai'r Cadeirydd, i gynhesu'r awyrgylch, 'yn digwydd nabod rhai o'r Ymddiriedolwyr 'ma?'

A dyma lygad Gareth yn disgyn ar fab i Bryfdir – bardd o chwarelwr ac un o enwau mawr Blaenau Ffestiniog.

'Ydw yn tad, Mistyr William Emrys Jones yn fancw,' a phwyntio. 'Bryfdir, ei dad o, wyddoch chi, ddysgodd imi adrodd gynta rioed.'

'Gwranda ngwas i,' meddai hwnnw â phefr yn ei lygaid yn ôl Gareth, 'cyn iti ddechra ffalsio hefo mi dos i dorri dy wallt gynta.' Roedd Gareth yn chwannog i dyfu'i wallt yn weddol laes nes i'r crop ddechrau teneuo. Cyn-fancer oedd William Emrys Jones, yn byw ym Mangor ac yn dynnwr coes heb ei ail. 'Beth bynnag am fy ngwallt i,' meddai Gareth, 'mi dorrodd fy nghrib i'n reit sydyn.' Ond bwriadol oedd y cyfan wrth gwrs. Un o hogiau Stiniog yn hwyluso'r ffordd i Stiniogyn arall i gael y maen i'r wal. Fe apwyntiwyd y ddau i'r gwaith yn y fan a'r lle, fel y dylid fod wedi gwneud

121. Bwrdd Ymddiriedolaeth Cartref Bontnewydd gyda'r Cadeirydd, Bryan Jones, yn y rhes flaen. Gareth yn sefyll rhwng dau weinidog – John Owen i'r dde iddo a Huw Gwynfa Roberts ar y chwith – ac yn union o dan ddarlun olew o'r Parchg Richard Thomas, Ysgrifennydd y Cartref, 1904-45.

wrth gwrs, a bu'n flynyddoedd prysur a diddorol i'r ddau ac i blant y Cartref. Yn 2002, cyhoeddodd Gareth gyfrol i ddathlu canmlwyddiant cartref Bontnewydd a'i galw, yn addas iawn, yn *Drws Agored*.

Yn wahanol i amryw ohonom, roedd Gareth yn un da am adrodd stori yn ei erbyn ei hun a'i hail-fyw hi wedyn. Dweud y byddai o, 'gei di dynnu 'nghoes i faint fynni di. Ddaw hi ddim i ffwrdd, yli. Achos ges i 'magu yn Stiniog'. Ond byddai fy ngweld i a 'nhebyg yn cael cam gwag yn

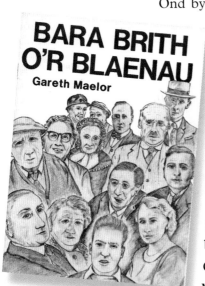

BARA BRITH O'R BLAENAU
Gareth Maelor

122. Gareth, yr arlunydd, oedd yn gyfrifol am lunio'r clawr yn ogystal.

eli i'w galon ac yn stori i'w hadrodd wrth hwn ac arall – ac ychwanegu ati. Yn y nawdegau mi fûm i'n ddigon mentrus i gyhoeddi nofel ac yn ddigon ffodus i gael lansio honno yn un o ystafelloedd moethus Plas Nanhoron – gwraig y Plas yn y ddeunawfed ganrif oedd prif gymeriad y nofel. Fy ngham gwag i'r noson honno oedd camu'n ôl, a hynny am fod yna amryw yn pwyso ar fy ngwynt i, a dyma glywed sŵn un o lestri prin y Plas yn disgyn o'r silff ac yn torri'n deilchion. Os bu moment o wir annifyrwch erioed honno oedd hi. Ond welais i erioed letach gwên ar wyneb Gareth Maelor na'r noson honno. Wrth gwrs, petai'r peth wedi digwydd o chwith, a Gareth yn fy sgidiau i, mae'n debyg mai'r un fyddai lled y wên a fyddai wedi bod ar fy wyneb innau. Peth fel'na ydi cyfeillgarwch.

Weithiau i Gareth roedd y ffin rhwng yr annisgwyl a'r anhygoel yn sobr o denau. Am rai blynyddoedd ar drothwy'r Nadolig cymerai at wisgo siwt Siôn Corn,

galw heibio i un neu ddau i ddymuno gwyliau dedwydd iddyn nhw a'u gadael, wedyn, heb ddatgelu pwy oedd yn y siwt. Byddai'n sôn gyda difyrrwch am syndod ambell i blisman wrth weld Siôn Corn yn gwibio heibio mewn car yn hytrach nag yn gyrru gyr o geirw. Yn nhŷ cydnabod i ni'n dau, oherwydd trwch a hyd y locsyn, cafodd Santa gam gwag a syrthio dros ei sach. Fe alwodd heibio i'n tŷ ni, unwaith, ond y drwg oedd, fel Pedr gynt, 'fod ei acen yn ei fradychu'.

Gan ei fod mor hael ei gymwynasau disgwyliai'r un haelioni oddi ar law eraill. Am gyfnod yn nyddiau coleg bu'n berchennog beic modur. Oherwydd ei oedran, un oriog oedd hwnnw ond yn hwylus iawn i deithio i'r

123. Staff Ysgol Dyffryn Nantlle a Gareth, Pennaeth Addysg Grefyddol, ar y dde eithaf yn y rhes gefn. Wedi cyrraedd y brig, mewn mwy nag un ystyr.

coleg, cymowta a chadw ambell gyhoeddiad. Nogiodd un pnawn a hynny union gyferbyn â drysau un o fodurdai prysuraf tref Aberystwyth. Gan ei fod yn hanner adnabod y perchennog – roedd hwnnw'n ŵr amlwg yn un o gapeli'r cylch – aeth ato i ofyn am fenthyg sbaner. Mae'n wir nad ar roi benthyg tlŵs i rai i drwsio'u peiriannau eu hunain roedd y ffyrm yn byw ond cafodd fenthyg un ac mewn dim o amser roedd y beic yn ddarnau briw. Fel yr awgrymwyd, roedd Gareth yn ddyn sawl dawn. Ond câi fwy o drafferth i roi'r peth wrth ei gilydd ac roedd y darnau a oedd yma ac acw ar lawr y garej yn rhwystro'r mynd a dŵad. Yn wir, fe aeth yn fymryn o dân yno – nid yn llythrennol. Oherwydd ei gymwynasgarwch ei hun ni allai Gareth ddirnad na fyddai un o'i gyd-Gristnogion yn fwy na balch o hwyluso myfyriwr tlawd i gael ei feic modur i danio.

O flaen popeth arall roedd o'n gyfathrebwr heb ei ail, yn arbennig yn weledol ac yn arbennig felly gyda phlant a phobl ifanc. Mae gen i gof amdano'n adeiladu theatr bypedau i adrodd straeon Beiblaidd. Ei greadigaeth o'i hun oedd y theatr a'r pypedau, y sgript a'r dynwared lleisiau. Nabod ei ddawn, mae'n debyg, a arweiniodd Gareth yn nechrau'r wythdegau i dorri cwys arall. Wedi cwrs o addysg bellach fe'i penodwyd yn Bennaeth Addysg Grefyddol yn Ysgol Dyffryn Nantlle. Mi wyddai fod rhai'n teimlo chwithdod am iddo, chwedl yntau, 'ffeirio'r pulpud am y bwrdd du' ond bu'n fwy dylanwadol fyth, dybiwn i, o gael gwisgo'i ddillad ei hun. Bellach gallai ganolbwyntio ar hyfforddi plant a phobl ifanc.

Yn y gwaith hwnnw y byddai wedi aros oni bai i afiechyd prin ei daro'n sydyn o annisgwyl a'i orfodi i ymddeol cyn pryd. Enillodd y frwydr honno ond dychwelodd yn ôl i Dir-bach wedi'i glwyfo'n gorfforol ond ei ffydd yr un mor loyw – os nad yn fwy felly – a'i frwdfrydedd yn fyw ac yn iach. Pan gynhaliwyd cyfarfod teyrnged iddo yng nghapel Glanrhyd wedi iddo'n gadael, daeth Karen Owen yno â baich o bethau i'w chanlyn. Fel cyn-ddisgybl iddo eglurodd i'r llond capel fel roedd pob eitem yn cynrychioli rhyw agwedd ar gyfraniad unigryw a chofiadwy Gareth i blant a phobl ifanc Ysgol Dyffryn Nantlle.

124. Y teulu ar un o'r oriau mawr: Gwawr newydd ennill Coron Eisteddfod yr Urdd ym Mhwllheli yn 1982; Esyllt, ei chwaer hŷn, wedi cipio'r Gadair yn Y Barri yn 1977. Deuddeg oedd Swyn, y ferch ieuengaf, pan dynnwyd y llun.

Meddai Geraint Lloyd Owen, ei ffrind mawr, 'Ymhlith y pethe ola ddudodd o wrtha i oedd, "Lloyd, ryden ni wedi cael lot o sbort yn do? Ond wsti be, ma 'ne lot mwy o sbort eto i ddod." Ond am rŵan, diolch iddo am a gafwyd.' Ddwy noson cyn iddo'n gadael, a minnau wedi galw heibio, roedd o wedi llusgo at ei ddesg. Roedd o, meddai, am lunio math o fyfyrdod o ddiolchgarwch ar gyfer ei angladd ei hun. Dydw i ddim yn meddwl, chwaith, iddo lwyddo i roi'r diolchiadau hynny ar bapur. Y noson honno, roedd ei ddewrder a chadernid ei gred yn fy nghywilyddio a'm sobri i. Soniodd gyda'i lygaid gleision gymaint oedd ei fwynhad, ddeuddydd ynghynt, wrth dreulio'i Nadolig olaf gyda'i deulu, yn dair cenhedlaeth, ac yntau'n fwriadol wedi trefnu'r diwrnod i fod yn un cofiadwy i bawb ohonyn nhw. Ond dim ond mynegi hyn i gyd yn rhyddieithol oer sydd o fewn fy nghyrraedd i; mae i fardd gynfas llawer lletach. 'Rhoi fy nhroed ynddi' ydi teitl y gerdd ddirdynnol, ddwys a ysgrifennodd Karen i gadw'i enw'n fyw. Cyfarfu ag o'n ddamweiniol un bore ac yntau wedi parcio'i gar ar un o strydoedd Caernarfon. Roedd hyn drannoeth iddo dderbyn y newyddion drwg olaf un.

Yr oedd o, o arferiad,
  wedi canu'i gorn,
  wedi gorfodi'r drws yn agored,
  wedi fy hysio innau i'r sêt tu blaen
    am sgwrs.
Yr oedd hyn drannoeth y datguddiad mawr.
Heb feddwl am ei wewyr fe'i hatgoffodd ei fod 'wedi parcio ar linellau dwbl' i gael yr ateb, 'Paid â phoeni, fydda i ddim yma yn hir.'

Yr oedd o, a finnau efo fo, yn crïo,
  yn gwybod nad oes, byrred ein heinioes,
    roi brêc ar y gwir.

Ond roedd Karen wedi cael cománd i alw heibio iddo'r diwrnod blaenorol – dydd 'y datguddiad mawr' – ac yntau wedi rhannu hefo hi'r baich a oedd ar ei galon. Ond yn union fel Gareth, nid sôn am ei angladd ei hun oedd y bwriad ond trefnu beth oedd i ddigwydd, neu ddim i ddigwydd, wedi hynny.

'Ar ôl imi fynd,' medda fo, 'wnei di'n siŵr fod unrhyw goffâd imi yn *Golwg* yn onest a ddim yn sych fel y papurau enwadol yna? Uffach, mae rhai o'r rheini'n ddiflas! Wnei di?'

Nid cais am deyrnged oedd ganddo – o'i gyfeillgarwch pur â'i gyn-ddisgybl disglair mi wyddai y byddai hynny'n bownd o ddigwydd – ond poeni am gywair beth a allai ymddangos. Wythnos union wedi iddo'n gadael cyhoeddodd Karen bortread hael a sensitif ohono yn *Golwg*. A chyfeirio ato, yn annwyl, fel 'bwldosar brwdfrydig'. Y 'Portread' hwnnw oedd ei hymateb i'r gymwynas derfynol y gofynnodd iddi amdani.

Fel y nodwyd yn barod, teitl ei gyfrol olaf o fyfyrdodau oedd *'Fi sy' 'ma'*. Meddai Geraint Lloyd Owen yn ei froliant i'r gyfrol honno, 'Bydd rhai pobl yn ymweld â'n bywydau ac yna'n diflannu'n fuan. Nid felly Gareth. Aros ysbaid y byddai ef gan adael ôl ei droed yn ein calonnau, ac wedyn 'doedd neb cweit yr un fath.' Gyda'r awgrym hwnnw y mae Gwyn Thomas yn cloi'r gerdd i'w gofio:

Am fod yna bobol fel efô
Fe allwn ni'r daearol fryd,
Gael cip ar groeshoeliedig, gyfodedig Grist
Yn bodoli yn ein byd.

125. Serch y siwt Sul, yng ngardd ei gartref, Tir Bach, Llanwnda – ei seithfed nef.

Yn union fel Michel Quoist, ei arwr o weddïwr, roedd yntau wedi gwrthod triniaeth ac oedi'r diwedd er mwyn cadw'i grebwyll i gwblhau ei gyfrol olaf o fyfyrdodau a thacluso'i fyd ar gyfer y daith a oedd ar ddechrau. Ychydig oriau cyn ein gadael y lluniodd ei fyfyrdod olaf ar gyfer y gyfrol a hynny o dan y pennawd 'Gwneud Cymwynas'. Y frawddeg olaf a saerniodd i gloi'r myfyrdod hwnnw oedd, 'Arglwydd, diolch i Ti am ddull mor syml o'th glywed ac o'th gyfarch. Fi sy' 'ma.' Doedd dim rhaid iddo fo ddweud cymaint â hynny, chwaith. Doedd y ddau wedi hen nabod ei gilydd.

Yn fy mhrofiad i Gareth oedd y tebycaf iddo fo'i hun o bawb a welais i erioed; yn ddyn gyda gwastadrwydd amcan. Byddai'n falch o fy nghlywed i'n dweud hynny.

126. Y stydi yng Ngelliwig, y mans, ym Mhorthmadog yn 1974. Gareth newydd lunio siaced lwch i nofel o'm heiddo – 'ar goll yn awr yn llwch yr amser gynt'; y gwalltiau a'r gwisgoedd yn awgrymu oes wahanol.

Doedd o ddim yn ddyn i guddio'i oleuni o dan lestr. Mi wyddai pawb am ei argyhoeddiadau ac, o'r herwydd, ambell dro bu ei ddidwylledd a'i onestrwydd yn gloffrwym iddo. *Bara Brith o'r Blaenau* oedd teitl y ddarlith y cyfeiriais ati ar y dechrau ac felly roedd o'n gweld ei hun. A'r dorth i gyd oedd hi hefo Gareth – y blawd a'r candi pîl, y syltanas a'r resins, ceirios a chyraints, siwgwr, pinsied bach o halen a'r burum hwnnw a greai'r wyrth – neu ddim bara o gwbl. Daeth â'r ddarlith honno i ben ym Mhlas Tan-y-bwlch drwy gyfeirio eilwaith at ei dad a'r becws yn Nhanygrisiau:

Mi fyddai rhai o bobl Tanygrisiau yn dod â'u toes eu hunain i'r becws a nhad yn crasu'r bara iddyn' nhw. Yr un peth yn union yn digwydd ar y Nadolig, rhai yn dod â'u cywion ieir, gwydda' a'u bara brith eu hunain i bobty nhad. Er mwyn gwybod prun oedd p'run mi fydda' nhad yn rhoi 'talis' wrth ymyl pob un. Hwyrach mai clust cwpan fyddai 'tali' un a cheiniog yn 'dali' i un arall. Un tro mi gymysgodd Jac y mrawd hyna' y 'talis'. 'Regodd nhad? Naddo, nid y tro hwnnw, roedd yn adnabod bara pawb. Un gyda phobiad uchel, un arall fel torth 'glaj' yn wastad. Ambell un yn brin o gyraints, un arall gyda gormod ac yn y blaen.

Ac meddai, wrth gloi, 'Dwi'n gobeithio nad oes angen "tali", tag nac un dim arall arna i . . .' A doedd ddim.

Y Tad Bon

127. Y Tad Bonaventure Cumiskey, i mi yr 'anwylaf o gredinwyr'.

D IM OND BORE LLUN OEDD HI. Deudwch ei bod hi'n hanner awr wedi deg, hwyrach. Finnau, cyn camu i lawr grisiau'r bws yn Clonmel yn Swydd Tipperary yn gofyn i'r gyrrwr pryd byddai'r bws nesaf i Cappoquin ac arafu'r siarad i geisio ynganu'r enw'n Wyddelig ddealladwy – 'Cappoquin!' Wedi eiliad neu ddwy fe ddisgynnodd y geiniog ac meddai hwnnw heb fradychu'i ddireidi, 'T'ere's a bus on T'ursday!' Ond fel deudais i, dim ond bore Llun oedd hi. Dechrau ei ffwtwôcio hi wedyn ar hyd yr R671 i gyfeiriad pentref bach o'r enw Ballymacarby ac Abaty Mount Melleray yng ngodreon Mynyddoedd Knockmealdowns yn bell, yn anobeithiol bell.

Llosgi'r gannwyll yn y ddau ben oedd y drwg, mae'n debyg: gweithio liw dydd a philtran sgwennu hyd berfeddion nos. Y cyngor oedd chwilio am 'y Cwm tu draw i'r cymoedd, am Gwm Tawelwch . . .' Roedd yna, yn ôl ffrind imi, Urdd o Sistersiaid, neu Fynaich Gwynion fel y'u gelwir, yn Swydd Waterford a allai gynnig gosteg. Ond mwy na'r ffordd yno wyddwn i ddim chwaith, cyn cyrraedd, mai arbenigaeth yr abaty hwnnw oedd sychu'r alcoholig. Dyna fo, hwyrach bod meddwi ar waith yn gofyn am yr un ddisgyblaeth i ddysgu sut y mae ymatal.

Yn wleidyddol, doedd hi ddim yn dywydd i'w bodio hi

128. Abaty Mount Melleray a'r eglwys orwych.

ar hyd cefnffyrdd Iwerddon – hyd yn oed ddau gan milltir o Felfast. Fis a thridiau ynghynt roedd Bobby Sands wedi llwgu'i hun i farwolaeth yn y Maze a Francis Hughes wedi aberthu'i hun yn yr un modd, yn yr un carchar, bedwar diwrnod yn ddiweddarach. I ddwysáu pethau'n fwy fyth, roedd hi'n wythnos Etholiad Cyffredinol yn Iwerddon. Ar un polyn teliffon ceid *Vote Fianna Fáil* a *Vote Fine Gael* ar bolyn teliffon arall a lluniau Charles Haughey a Garret Fitzgerald yn gwenu yn ffenestri cefn y ceir rhydlyd a fygai heibio. Y bore hwnnw, roedd y gyrwyr yn dra amharod i gynnig lifft i un a allasai fod yn Sais.

Serch ambell i bàs, bob yn ail â pheidio, roedd hi'n gyda'r nos arna i'n dringo'r pedair milltir ychwanegol sydd o bentref hynafol Cappoquin i Abaty Mount Melleray. Wedi curo ar ddrws yr abaty dyma daro fy llygad am y waith gyntaf ar y Tad Bonaventure; stwmpyn byr – rhesymol ei bwysau bryd hynny – yn ei abid wen, sgapwlar du dros ei ysgwyddau ac yn gwisgo, hefyd, y wên honno na phylodd amser. Y fo, ar y pryd, oedd yr un a neilltuwyd gan yr Abad i groesawu ymwelwyr a phererinion ac anodd fyddai cael ei ragorach.

Serch bod y cwmplin, oedfa olaf y dydd, ar ddechrau ac yntau fel pob un o fynaich eraill yr abaty i fod yn unigedd ei gell cyn pen hanner awr roedd o'n groeso i gyd. Yn unol ag arfer yr Urdd ofynnodd o yr un cwestiwn imi am na ffydd na chred, na holi chwaith am na cherdyn adnabod na chyfri banc. Wedi'r cwbl, arwyddair yr abaty ydi geiriau Iesu, 'Bûm yn ddieithr a chymerasoch fi i'ch cartref'.

'Helo, Harri. A sut wyt ti?' Yr enw bedydd fu hi o'r feri dechrau. 'Rhaid dy fod ti wedi blino.' Roedd hynny'n efengyl wir. Wyddwn i ddim pwy oedd piau 'nhraed i. 'Mi a' i nôl tamaid o fwyd iti. A llyfr iti, i'w ddarllen.'

Un o arferion y Mynaich Gwynion ym Mount Melleray ydi fod pob truan a ddaw ar eu trugaredd i ddarllen o leiaf un gyfrol yn ystod ei ymweliad. Mi rydw i'n dal i gofio mai'r gyfrol a ddisgynnodd ar fy nglin i yr hwyr blinedig hwnnw oedd *The Story of Mount Melleray* gan un Ailbe Luddy. Ond mi es i bendwmpian uwch ei phen cyn

129. Yn hamddena – peth prin yn ei hanes – yn Ardmore, Swydd Waterford, tua 1967. 'Nefoedd ar y ddaear o le' yn ôl Fergal Keane, y newyddiadurwr a'r byd-grwydryn. Yn cytuno ag o – o brofiad.

dechrau pori yn ei chynnwys a siant y mynaich yn y pellter yn mynd yn bellach na phell.

Yn y cae sgwâr, wedi i ddyn gael gafael ar gwsg, anodd ydi nabod y gwahaniaeth rhwng breuddwyd a ffaith; clywed cnul cloch, un leddf, rywle yn y pellter a sŵn traed yn ysgubo heibio'r drws. Yna, tawelwch llwyr.

Cofio, wedyn, i'r Bonaventure hwnnw ddweud y byddai'r gwasanaeth cyntaf am bedwar y bore. Cofio hefyd iddo ychwanegu, gyda graslonrwydd mawr, nad oedd yr oedfa honno – mwy na'r saith a oedd i'w dilyn, o ran hynny – yn orfodol i neb o'r pererinion. Yn ôl â mi i fwrw fy mlinder ymaith hyd y byddai hi'n amser brecwast.

Laurence Cumiskey oedd enw a chyfenw'r Tad Bon yn blentyn ond 'Lar' oedd o i'w deulu a'i ffrindiau. Yn un o wyth o blant, fe'i magwyd yn Kells, y dref yn Swydd Meath a gysylltir â'r rhyfeddod prin hwnnw, *Book of Kells*.

130. Paratoi cell lom ar fy nghyfer, adeg fy ymweliad cyntaf.

131. Yn ganol oed, cynnar ac ar ei ffordd i gadw rhyw ddyletswydd neu'i gilydd.

Wrth sgwrsio ag o, mae hi'n hawdd tybio iddo dreulio'i holl fachgendod naill ai'n cicio pêl ar strydoedd y dre honno neu yn y pictiwrs hefo'i 'Aunty Nellie' – ei ffefryn o blith pedair chwaer ei fam. Os bydd mymryn o hamdden rhwng prynhawnol weddi a gosber hawdd ganddo lithro i sôn gyda brwdfrydedd am Tom Mix neu Buck Jones, am *The Hunchback of Notre Dame* neu *Gone with the Wind*.

'Wyddost ti, Harri, fod amryw yn ystyried *Gone with the Wind* yn un o'r ffilmiau gorau wnaed?'

'Wir?' Minnau, wrth gwrs, yn dra anwybodus.

'Yn sicr.'

Ac os na fydd dyn yn ofalus fe aiff ati yn y fan i hymian y 'Donkey Serenade' neu'r 'Blue Danube Waltz' a hynny mewn tonyddiaeth ddiogel ddigon.

Yn ystod y rhew mawr hwnnw yn Ionawr 1940 roedd o i ddychwelyd i'w ysgol breswyl Babyddol ym Mullingar ond bu rhaid gohirio'r daith. O'r herwydd, cafodd gyfle i wylio *The Great Waltz* (ffilm sy'n seiliedig ar fywyd Johann Strauss II) bedair gwaith drosodd mewn chwe diwrnod. Mae'r Tad Bon yn ystyried hynny'n un o freintiau mwyaf ei fywyd – ynghyd, wrth gwrs, â'i alwad i'r offeiriadaeth!

Cyn belled ag y mae chwaraeon yn y cwestiwn, pêl-droed sy'n mynd â hi, o drwch blewyn, a phêl-law, y gêm Wyddelig, yn ail agos. Yn blentyn, roedd o'n gynefin â chwarae'r ddwy gêm o fore gwyn tan nos. Strydoedd yn erbyn ei gilydd oedd y gynghrair, dwy jersi ar ddau balmant i arwyddo lled y gôl a dau wyliwr mewn dau ben i weiddi naill ai 'car i fyny' neu 'car i lawr'. Ond y bêl-law

oedd yn boblogaidd yn Kells yn nyddiau'i ieuenctid ac un 'Tom Sheridan' yn feistr corn ar ryw 'Ducksie Walsh' o Kilkenny. A dyna finnau ar goll ar ddechrau ein sgwrsio. I goroni'r cwbl, cyn newid byd cafodd 'Lar' ifanc ei gapio i chwarae i dîm ieuenctid Kells ac aiff i sôn am hynny gyda balchder mawr ac ar yr esgus lleiaf.

Un o Clonmell, pentref hynafol ddeng milltir i ffwrdd, oedd Tom Cumiskey, ei dad. Ond am ryw reswm neu resymau a fu'n ddirgelwch oes i'w wraig a'i blant, fe benderfynodd ymfudo i Efrog Newydd pan oedd 'Lar' yn bump. Eto, mae ganddo atgofion digon cofiadwy amdano. Er enghraifft, ei weld am y tro olaf yn eistedd yng nghefn bỳs ac yn syllu'n syn ac yn hir arno drwy wydr y ffenestr. Yna, fe ychwanega'n siriol, 'But I do hope to meet up with him once again. When I'll go upstairs.' Ar un ystyr

132. Tîm pêl-droed Coleg Sant Finians 1939 – ysgol breswyl addysg uwchradd – ym Mullinger. 'Lar', Capten y tîm, yw'r pumed o'r chwith yn y rhes flaen. Yn 1936 yr enillodd ysgoloriaeth i'r Coleg a bu yno hyd 1941.

133. Maria, ei fam, a 'weithredai'i chred'; cadwodd ei gwên serch yr amgylchiadau. Yn haf 1928 y cefnodd ei gŵr arni hi a'r tyaid plant.

mae'n syndod fod ganddo gymaint awydd i'w ailgyfarfod o gwbl ac yntau wedi gadael mam a thyaid o blant ar eu cythlwng.

Ar y dechrau, yn ôl Bon, roedd yna ddoleri, ddigon, yn cyrraedd 'St Agnes', y tŷ deulawr yn Kells, ond cyn bo hir fe sychodd y ffrwd honno'n grimp. O feddwl y gorau, mae Bonaventure yn credu mai cyni Iwerddon yn y dauddegau llwglyd a'i gyrrodd i chwilio am well byd ac mai Cwymp Wall Street a'i cadwodd rhag dychwelyd. Hwyrach y byddai gwell nofelydd yn dychmygu bod yna ochr arall i'r stori. Ond dyna'r Tad Bon i'r dim.

Yn naturiol, mae ganddo stribed hwy lawer o atgofion am ei fam. Os mai mynd i'r rasys ceffylau yn Kells ac i bysgota yn y Blackwater a wnâi gyda'i dad, ei atgofion cynharaf am ei fam ydi crwydro yn ei chwmni ar hyd cefnffyrdd y fro i hel briallu mis Mai i'w rhoi ar allor y Forwyn Fair. Serch yr amgylchiadau, byddai Maria Byrne yn mynychu'r offeren yn ddyddiol a hynny am wyth y bore a'i phlant i'w chanlyn. Ond, yn ôl ei mab eto, gweithredu'i chred a apeliai fwyaf ati.

Mae ganddo gof byw iawn am gyrraedd o'r ysgol sawl tro i weld cardotyn wedi'i dynnu i mewn o'r stryd ac yn bwyta pryd harti wrth y bwrdd bwyd yn Stryd Garrick. Mae ei atgof olaf am ei fam yn un hynod o ddwys. Arfer

ei urdd, unwaith, ar waeledd rhieni'r mynaich, oedd rhoi'r dewis iddyn nhw naill ai teithio adref i'w gweld yn eu gwaeledd neu fynychu'r angladd pryd bynnag y byddai hynny'n digwydd. Dewis anorfod os bu un erioed. Ond bu rhagluniaeth yn garedicach wrtho na mynachaeth. Bedwar diwrnod cyn Nadolig 1986 roedd hi'n ddeg a phedwar ugain oed, yn wael ei hiechyd, ac yntau o'r herwydd wedi cael ymweld â hi – y dewis cyntaf o'r ddau. Noswyl y Nadolig hwnnw bu'i fam farw yn ei freichiau, fel y bydd yn falch o ddweud, ac yntau, felly, yn cael y ddau ddewis a oedd ar ei gyfer yr un pryd â'i gilydd.

Rhai brithion, fel y gellid disgwyl, oedd y pererinion a eisteddai o amgylch y bwrdd brecwast yn Abaty Mount Melleray y bore braf hwnnw o Fehefin, ddeng mlynedd ar hugain yn ôl, a minnau'n estron llwyr i bawb. Arfer y pererinion fin nos oedd ymgasglu yn yr ystafell encil wrth dân mawn, yng nghwmni'r cwrcath hwnnw a oedd wedi

134. Gyda perthynas iddi yn *The Pirates of Penzance*. Yn ôl ei mab, roedd hi'n berson theatraidd ac artistig dros ben.

135. Llun bregus o Tom Cumiskey, y tad. Stamp y milwr sydd arno ond hwyrach mai'r mwstas sy'n rhoi'r argraff hwnnw.

ymgartrefu yno, ac ymgomio hyd berfeddion nos os mai dyna a fyddai'n dewis ni. Ond wedi wythnos o gwmnïa, a chydaddoli ysbeidiol, fe dyfodd adnabyddiaeth. Daw rhai ohonyn nhw yn ôl i'r cof.

Rheolwr Banc o Ddulyn oedd Patrick MacDonagh a phopeth, hyd y gwelwn i, yn cadarnhau hynny: car swel, siwt o frethyn Connemara, yn smociwr di-baid (y sigaréts, o bosibl, drwy gwrteisi Banc Iwerddon) ac yn ŵr porthiannus ryfeddol. Roedd ei wrid, a rhai pethau a ddywedodd, yn peri imi amau ei fod yno am iddo glywed am arbenigaeth Mount Melleray. Prun bynnag, aeth â mi yn ei gar un pnawn i fyny llethrau'r Knockmealdowns ac ar hyd ffyrdd penfeddw ddigon. Serch y dyfnjiwn mawr a oedd o boptu, ac nad oedd y gyrrwr ar ei orau, fe syrthiais mewn cariad y pnawn hwnnw â'r mynyddoedd hynny a'u moelni maith. Gŵr canol oed oedd Patrick ac yn Babydd o'r bru ond yn agored, fel y gorau ohonom ar brydiau, i fymryn o ragrith. Pan ddaeth lleian i'r stafell fwyta un amser cinio dyma fo'n troi ata i a sisial, 'O! I do hate nuns'. Ond pan ddaeth honno o fewn clyw roedd o'n ddyn gwahanol, yn glafoeri o foesgarwch, yn tendio arni draed a dwylo gan ddymuno bendith iddi, ac arni, a hynny sawl gwaith drosodd.

Roedd yno ddau nofydd ifanc – hogiau yn eu hugeiniau cynnar – yno i gael eu gwynt atynt cyn gwneud proffes i fod yn fynaich gydol oes. Erbyn hyn, fedra i ddim cofio'u henwau ond Ffiat bach, dim-gwaeth-na-newydd, oedd eu car benthyg. Roedd hwnnw'n eiddo i ryw urdd o leianod.

Yn eu cwmni nhw'u dau y dringais i am y tro cyntaf at y Calfaria sy ar godiad tir tu cefn i'r abaty. Wrth ddisgyn, fe addawodd y ddau y cawn i bàs hefo nhw yn ôl i Ddulyn ddiwedd yr wythnos. Ond ddiwrnod cyn y troi'n ôl fe aeth y ddau am sbin yn y car bach – math o foddi'r cynhaeaf, hwyrach, cyn y sobrwydd a oedd i ddod – a throi hwnnw â'i olwynion i fyny. A beth am drannoeth? Ei mentro hi wnes i a chyrraedd y porthladd yn Dun Laoghaire ymhell cyn pryd.

Hefyd, roedd yno lefnyn ifanc tua phymtheg oed, Seán, wedi'i ddanfon yno, yn ôl y sôn, i gael gwella'i fuchedd ac yn y gobaith y byddai duwioldeb y mynaich yn debyg o golli'i liw arno. Yn ystod yr wythnos y bûm i yno doedd yna ddim arwydd bod hynny'n digwydd. Roedd ei iaith yn glasu fwyfwy fesul diwrnod, serch ei anfon allan i'r meysydd

136. Ein dau, flynyddoedd yn ddiweddarach, yn hel atgofion. Grât cyfoes lle bu tân mawn gynt, a'r cwrcath hwnnw a arferai orweddian o'i flaen wedi mynd ymlaen ar ei daith.

137. Does dim mwy i arwyddo'r beddau na chroes haearn gydag enw'r mynach arni a'i flynyddoedd. Yr arfer oedd claddu'r meirw yn noethion: 'Noeth y deuthum o groth fy mam, a noeth y dychwelaf yno'.

hefo rhai o'r mynaich. Dros y blynyddoedd bûm yn dyfalu, fwy nag unwaith, beth a ddaeth ohono. Cymedroli, mae'n debyg, ond go brin iddo newid digon i'w gynnig ei hun i unrhyw urdd sanctaidd. Eto, pwy a ŵyr? Yn aml, y potsiar gwaethaf sy'n gwneud y ciper gorau.

Ar y llaw arall, amaethwr oedd Michael Hanagan yn byw oddi mewn i ffiniau'r plwy ond y ffarm, fel yr eglurai, rai milltiroedd o'r abaty. Seiclai yno bob ben bore yn union wedi darfod godro cynnar ar gamel o feic uchel i ymuno gyda'r mynaich yn yr Offeren Gyhoeddus. Ambell fore ymunai hefo'r gweddill wrth y bwrdd brecwast. Y syndod mawr i mi oedd ei fod yn cyrraedd yno mor eithriadol o drwsiadus ac yntau newydd fod yn godro. Arfer fy nhad a'i debyg wrth fynd i gyfarfod noson waith yn y capel oedd newid crysbais a chuddio gweddill y pechodau. Ond i Michael roedd yr Offeren Sanctaidd, mae'n amlwg, yn haeddu gwell. Dyna fo, wedi seiclo yn ôl i fuarth y ffarm, newid i ddillad gwaith fyddai'i hanes yntau a mynd ati i garthu, neu droi gwair hwyrach, wrth ei bod hi'n Fehefin mor braf.

Roedd y mynaich a lyffantai o gwmpas y lle yn y ystod y dydd mewn oedran mawr a rhai ohonyn nhw'n bur lesg. Ar wahân i fân ddyletswyddau, megis gwarchod y siop neu ychydig arddio, prif orchwyl y rhain oedd cynnal yr oriau gweddi oddi mewn i'r eglwys. Ond un i'w faes ac arall i'w orchwyl oedd hanes y gweddill ohonyn nhw. Yn un peth, roedd Mount Melleray yn ffarm o fil o aceri – os nad mwy. Arfer y rhain oedd troi congl o'r beudy neu un o'r corlannau, neu hyd yn oed ffridd agored, yn fath o gysegr a chadw dyletswydd yn y mannau hynny. Dyletswyddau'r Tad Bonaventure, ar y llaw arall, oedd bugeilio rhai bregus fel Seán, MacDonagh a minnau. Wedi dod yn fynach y cymerodd yr enw Bonaventure – o barch i un o Seintiau'r Eglwys Gatholig – ac fel y 'Tad Bon' y bydd bron pawb o'i gydnabod yn cyfeirio ato.

Ond y cwmplin, fin nos, oedd yr unig oedfa y bûm i'n ei mynychu yn ystod yr wythnos. Erbyn hynny, roedd pawb ynghyd a golwg tra blinedig ar amryw o'r mynaich; gwrid tywydd garw'r tir uchel ar eu hwynebau a hwnnw'n taro yn

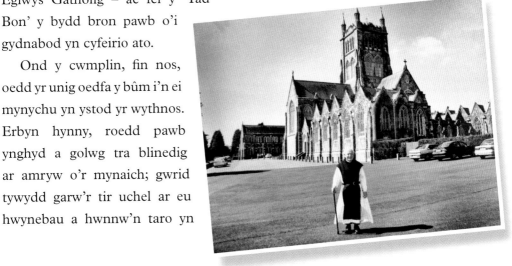

138 Y Tad Bon yn amlwg falch o'i gefndir.

139. Dal pen rheswm hefo rhyw bererin neu'i gilydd. Weithiau, ganwaith y dydd.

erbyn gwynder eu gwisgoedd. Hyd yn oed i un tôn-fyddar fel fi roedd eu clywed yn siantio'r salm-donau Gregoraidd gyda'r fath frwdfrydedd yn brofiad sy wedi aros hefo mi gydol y blynyddoedd. Yna, yn sydyn a chyda disgyblaeth byddin, byddai'r mynaich yn codi o'u deulinoedd ac yn llithro am eu celloedd mor dawel, barchus ag y daethant i mewn i'r eglwys chwarter awr ynghynt.

Ond serch bugeiliaeth y Tad Bonaventure a'i ofal ohonof, waeth cyfaddef ddim mai pysgodyn allan o ddŵr oeddwn i ym Mount Melleray y Mehefin hwnnw. Roedd Nan a'r hogiau allan o gyrraedd, yr arferion mor chwithig a'r ddiwinyddiaeth mor annerbyniol. I raddau, mae hi felly o hyd. Ond yn groes i'm disgwyliadau, fe ffrwydrodd yna gyfeillgarwch rhwng y Tad Bon a minnau, cyfeillgarwch sydd wedi para deng mlynedd ar hugain. Ac eto rhaid bod yn Abaty Mount Melleray 'bethau a wnaed â dyfal bwyll a'u graen yn para' neu pam yr heidiai'r holl bererinion yno? Rhai, fel finnau, i ddychwelyd yno drachefn a thrachefn. Fel tröedigaeth – hynny ydi math o gerdded y ffordd i Ddamascus – y bydd y Tad Bon yn sôn am ei benderfyniad i fod yn fynach. (Nid y byddai'r Tadau Methodistaidd, slawer dydd, yn benthyg y gair hwnnw iddo am bensiwn; arall a gwahanol iawn oedd ystyr y gair iddyn nhw.) Fe'i clywais yn sgwrsio am y profiad sawl tro ac fe'i disgrifiodd imi mewn mwy nag un llythyr. Byddai 'Lar' yn mynd ar wyliau ysgol at deulu iddo a drigai yn Collon, pentref yn Swydd Louth, ryw ugain milltir o'i gartref. A dyna'r pryd y daeth bagad o fynaich o Mount Melleray draw i'r pentref hwnnw i sefydlu cymuned ar safle hen abaty a oedd yno. Ac yntau'n hogyn ifanc un ar bymtheg oed dechreuodd duwioldeb y mynaich a'u brwdfrydedd ei anesmwytho. Ond dadlau yn erbyn mynachaeth oedd ei hanes i ddechrau. Meddai yn un o'i lythyrau, 'Mi fyddwn i'n trafod a thaeru hefo nhw. Yn gofyn iddyn nhw, pa dda ydach chi'n ei gyflawni'n encilio oddi wrth y byd tra mae yna gymaint o eneidiau i'w hennill.' Ond ymuno â'u rhengoedd a fu ei hanes. Ond fe dybiwn i fod gan ei fagwraeth hefyd, yn arbennig duwioldeb ei fam a'r mynych wasanaethau a fynychodd yn Sant Colmcille, eglwys y plwy, ran yn ei dröedigaeth. Felly, ar fore Gwener yn Awst

We remember you.

1941 – 'dyma'r boreu byth mi gofiaf', chwedl Pantycelyn – yn ddeunaw oed, fe gerddodd Laurence Cumiskey o Kells draw i Abaty Mount Melleray i ddechrau ar ei bererindod faith.

Mae'r Tad Bon yn ddigon parod i gydnabod fod ei flynyddoedd cynnar yn yr abaty yn rhai eithriadol o lwm – annynol o galed ddywedwn i. Ond Rheol Sant Benedict, a luniwyd yn y chweched ganrif, oedd y safon buchedd: byw bywyd o dlodi, ufudd-dod a llafur gyda phwyslais arbennig ar oriau maith o fyfyrdod a gweddi. Serch hynny, mae'n taeru, gyda'i wên lydan, na fu iddo erioed ddifaru eiliad am y cam di-droi'n-ôl a gymerodd. Ar y dechrau, un o'r rheolau aur oedd na châi neb o'r mynaich sgwrsio hefo'i

140. Yn orwych oddi allan ac yn orwych o'r tu mewn. Y mynaich yn ymgasglu ar gyfer rhyw awr weddi neu'i gilydd.

gilydd. Ond, chwedl yntau, ddaru ymgysegriad mor llwyr ddim lladd dyfeisgarwch yr hen dadau. Roedd yna, ac mae yna yn Abaty Mount Melleray lyfr o arwyddion y gellid eu defnyddio: siâp ceffyl yn neidio dros glwyd i olygu 'What's running in Cork?' Yn nes ymlaen fe ganiatawyd sgwrsio, ond ar ddiwrnod Dolig yn unig. A dyma finnau'n meddwl sut ar wyneb daear Duw y byddai neb yn codi sgwrs ac yntau wedi bod yn fud am flwyddyn gron. Ei ateb, fel ar bob achlysur bron, oedd troi dirgelion ei Ffydd yn gomedi, 'I suppose, one would start by saying "As I was saying last Christmas".' O gofio hyn i gyd, pa syndod felly oedd imi glywed hen fynaich, a oedd yn eu pedwar ugeiniau yn yr wythdegau, yn cwyno ei bod hi wedi mynd yn swnllyd sobr yno a hithau, wir, fel y bedd.

Ac yntau i bob golwg yn bictiwr o iechyd, rhaid felly na wnaeth y boregodi a'r prinder bwyd ddrwg yn y byd iddo. Y drefn yn Abaty Mount Melleray pan gyrhaeddodd Bon yno oedd mynd i orffwyso am saith yr hwyr a chodi am ddau y bore – hanner awr wedi un ar y Suliau. Ond fel yr eglurodd imi, roedd hi'n bosibl cael awr o gyntun wedi cinio. Eto, dim ond o'r Pasg i ganol Medi roedd y fendith honno ar gael. Yr ymborth o ddydd i ddydd, ac eithrio ar ddyddiau gwyliau'r gwahanol seintiau, a diolch bod cynifer o'r rheini, oedd bara ac ychydig jam i frecwast a swper a thatws a llysiau'n unig i ginio hefo jygiaid o de neu lefrith i'w golchi nhw i lawr.

Ond wedi'r Ail Ryfel Byd fe sylweddolwyd fod mynaich yn marw o ddiffyg maeth, a biliau'r gwahanol ysbytai'n codi

141. Y Chwaer Bonaventure a'i gwarchodwr – bu cryn dynnu coes. Bellach mae hi wedi ymddeol ac yn byw mewn tŷ yn Athboy yn Swydd Meath.

o flwyddyn i flwyddyn. O'r herwydd, dyma benderfynu y byddai hi'n rhatach ac yn fwy Cristnogol ychwanegu ambell ŵy a thamaid o gaws at y fwydlen. Bellach, ar Ddolig a'r Gwyliau eraill, mae hi'n gigoedd a gwinoedd yno. Ond nid i ormodedd wrth gwrs.

Roedd y chwedegau yn gyfnod o agor ffenestri yn hanes yr Eglwys Gatholig ac fe ddaeth yna chwa o awyr iach i mewn i Abaty Mount Melleray yn ôl y Tad Bon. Eto, serch y newid byd, roedd merched yn dal yn wrthodedig. Mae gen i gof mynd ar daith i Iwerddon hefo llond bỳs o 'bobol capal' o Gaernarfon. Rhan o fwriad y daith oedd galw heibio i Abaty Mount Melleray. O weld yr eglwys, roedd amryw yn rhyfeddu at ei maint a'i gwychder; roedd patrwm byw y mynaich, eu gwisgoedd a'u disgyblaeth yn rhyfeddod i eraill. Gwraig ffarm oedd 'Musus Parry Bodrual' ac roedd ei diddordeb hi lawn cymaint, os nad yn fwy, yn y fuches odro a'r ieir dodwy allan a oedd yno.

142. Y 'Tecsan' llawen.
Diddanu ymwelwyr o
Americanwyr o bosibl.

Tra oedd y gweddill ohonom yn hamddena fe benderfynodd hi grwydro linc-di-lonc i gael agosach golwg ar y buarth a'r beudai, y cytiau moch a'r cytiau ieir. Yn anffodus, doeddwn innau ddim wedi sôn dim am y segregeiddio oedd yn dal mewn bod. Golygfa gomig ddigon oedd gweld dau hen fynach ffwndrus, â'u breichiau ar led, yn ei hysio hi'n ôl i'n cyfeiriad fel petai hi'n heffer wedi neidio clawdd. Ddeng mlynedd ar hugain yn ddiweddarach mae'r rhod wedi troi. Bellach, mae merched yn cael crwydro i berfeddion yr abaty, aros am wely a brecwast a chysgu'r nos yn rhai o'r celloedd.

O ddechrau'r wythdegau ymlaen cafodd y Tad Bonaventure fath o haf bach Mihangel. Fe'i penodwyd yn Gaplan i Urdd o Chwiorydd Sistersaidd yn Abaty'r Santes Fair, yn Glencairn, ddeuddeng milltir o Mount Melleray. Plasty bychan oedd Glencairn, unwaith, gyda chan acer a hanner o dir pori da ac aeth y Chwiorydd ati i ffermio'r tir yn ogystal â byw'r bywyd mynachaidd. Mi fûm i ar ymweliad ag Abaty Glencairn fwy nag unwaith.

Un tro, fe ddaeth y Parchedig Huw Jones, a oedd yn weinidog yn y Bala ar y pryd, a'i wraig, Megan, yno i'n canlyn. Fe gymerodd y Tad Bon a Huw at ei gilydd fel pe baen nhw wedi'u magu ar yr un deth gyda hiwmor Gwyddelig Bon a hiwmor Huw y 'Noson Lawen, gynt', yn plethu i'w gilydd fel gwiail. Ond doedd Megan, os cofia i'n iawn, ddim mor gartrefol.

Priod waith y Tad Bonaventure yn Glencairn oedd arwain gwasanaethau ac, yn arbennig, gweinyddu'r offeren yn ddyddiol. Ond roedd i'r swydd fwy na hynny. Gwasanaethai hefyd fel math o gynrychiolydd i'r abaty, yn mynd allan i'r byd am y waith gyntaf yn ei oes, i werthu'r cynnyrch. Yn annisgwyl iawn, un o'r pethau y bu'n dyheu amdano yn ystod cyfnod hir ei neilltuaeth oedd cael teithio i fyny ac i lawr grisiau symudol. Yn ninas Cork cafodd ei ddymuniad. O'i nabod, synnwn i ddim na fu iddo esgyn a disgyn yr escaladur hwnnw laweroedd o weithiau fel plentyn newydd ddarganfod ei draed. Wedi cwta ddeng mlynedd o fyw ymhlith merched, a lledu'i orwelion, dychwelyd i'w hen abaty fu'i hanes, i dreulio gweddill ei ddyddiau.

Yn ddiweddar, dyma benderfynu dychwelyd unwaith yn rhagor i Abaty Mount Melleray. A'r tro yma fyddwn i ddim yn mynd yno ar fy mhen fy hun nac yn estron i bawb. Roedd Beryl ac Ieuan, hen ffrindiau inni o ddyddiau cynnar, awydd ymuno hefo ni ar y daith – serch fod sŵn tonnau'n torri o bell yn ddigon i wneud Beryl yn sâl môr. Doedd y ddau wedi fy nghlywed i'n larmio cymaint dros y blynyddoedd am y lle a'i fynach cofiadwy? A chyda Nan a minnau dyna hi'n bedwarawd. Ond a fyddai'r Tad Bonaventure Cumiskey yno i'n croesawu?

Ar sgrin deledu, o bobman, ro'n i wedi'i weld o ddiwethaf ac mi roedd honno'n stori a hanner. Ar y pryd, roedd S4C yn ffilmio cyfres o'r enw *Pen-blwydd Hapus*. Craidd y rhaglenni hynny oedd darganfod dyddiad pen-blwyddi pobl, eu dal nhw â'u trowsusau dros eu hesgidiau – a defnyddio hen idiom – a threfnu wedyn i ddathlu'r pen-blwydd hwnnw'n fyw ar raglen deledu gyda theulu a ffrindiau. Doedd gan y sawl y dethlid ei ben-blwydd ddim syniad pwy a fyddai'n bresennol na beth ar wyneb daear a oedd yn debyg o gael ei ddweud. Yn ystod y rhaglen, sioc i mi, ond un bleserus, oedd gweld neb mwy annisgwyl ar y foment na'r Tad Bonaventure yn fy nghyfarch o Iwerddon bell, 'Hello Harri. I remember the first time you came to Mount Melleray. Not at all well and very tired.'

Ond beth oedd ei hanes erbyn hyn tybed? Cyn trefnu'r daith penderfynais y byddai yn well imi wneud ymholiad yn ei gylch ac y bydda hi'n ddoeth imi gysylltu â'r Abad i ofyn yn gynnil am ei hynt a'i helynt. Hwyrach imi eirio'r llythyr hwnnw fymryn yn anffodus. Ond arswyd y byd, gyda'r troad dyma e-bost imi oddi wrth Bon ei hun gyda'i ddychan arferol. Gwenu wnaeth o, meddai, o glywed natur yr ymholiad a mynnu fy sicrhau ei fod 'yn dal ar *terra firma*' ac iddo ddweud wrth ei Dduw, fel Awstin Sant ar awr ei dröedigaeth, 'Nid ar hyn o bryd, Arglwydd. Nid ar hyn o bryd'.

Mae Abaty Mount Melleray yn dal yn ddinas ar fryn ond wedi gweld newidiadau rhyfeddol mewn deng mlynedd ar hugain. Lle llwm i'r llygaid oedd y lle pan gyrhaeddais i yno am y waith gyntaf, y garreg yn oer yr olwg a'r cyfleusterau i fynach ac ymwelydd yn hynod o

brin. Heddiw mae pethau'n wahanol. Pan lywiwyd y Passat i fuarth yr abaty roedd haul y pnawn ar ei orau a'r garreg yn edrych yn gynhesach i'r llygaid nag fel cofiwn i amdani. Hwyrach mai'r hyn a greai'r argraff oedd y moderneiddio a fu a'r tirlunio amlwg a oedd wedi digwydd. O'i gymharu â'r cyrraedd yno am y waith gyntaf roedd cerdded i mewn i'r *Cloisters' Restaurant and Tea Rooms* i ordro paned o goffi – ond nid un Wyddelig – yn newid byd llwyr.

Oedd, roedd y Tad Bon yno i'n cyfarch, ar y dot a chyda'r wên honno na threchodd aberth nac amser. A doedd o ddim wedi newid fawr ar wahân i bwt o ffon i gyflymu'i gerddediad. Yn ei gwmni, mae croesi'r llain tarmac hwnnw o'r caffi at ddrysau'r eglwys yn golygu sawl

143. Ieuan a Beryl yn cwrdd â'r 'mynach cofiadwy' am y waith gyntaf ac wedi'u dal gan ei gyfaredd .

aros ac ailgychwyn, ailgychwyn ac aros wedyn. Mae'n adnabyddus i'r miloedd pererinion ddaw heibio heb sôn am y plwyfolion a ddaw yno'n wythnosol i offeren a chyffes.

Do, bu'n bnawn o lawen chwedl inni'n pedwar. Cyn belled ag y mae'r portread hwn yn y cwestiwn, dethol sy'n anodd. Cofio dŵad allan o'r eglwys yn ei gwmni pan ddaeth tad ifanc i'n cyfarfod yn powlio babi mewn pram. Yna'r cais a glywais droeon bellach, am iddo fendithio'r plentyn. Ymgrymodd y Tad Bonaventure yn weddaidd a gwthio'i ben i mewn o dan y bargod. Wedi cyfarch y bychan gyda mymryn o'r siarad babi disgwyliedig offrymodd eiriolaeth fer, yn Saesneg i ddechrau ac yna mewn Gaeleg, ei iaith gyntaf – 'Bail ó Dhia oraibh araon'. Cyn troi i ymadael rhoddodd arwydd y groes uwchben y goets. Roedd y tad ifanc fel petai o wedi cael ffortiwn – hwyrach ei fod o – a'r babi'n gwenu ei foddhad. Byddai eraill, mwy materol, yn tybio mai gwynt oedd yn dechrau poeni'r bychan. Ac mi fyddai sylw felly hefyd at ddant y Tad Bonaventure.

Daeth Gwyddel arall ato, ei gyfarch ac ysgwyd ei law yn gynnes ryfeddol. Gwyddel alltud oedd o erbyn hyn, yn byw yn Awstralia, ac wedi dychwelyd i ail-gerdded hen lwybrau. Fel yr eglurodd inni, roedd o'n gyn-fyfyriwr o'r Coleg, fel y gelwid yr ysgol ym Mount Melleray, ac yn cofio Bon yn dda. Wedi'r cwbl, bu'n athro yno am dros chwarter canrif a Gwyddeleg yn un o'i bynciau. Ond doedd yr athro ddim yn cofio'i gyn-ddisgybl nac yn rhy awyddus i'w gofio, fel y tybiwn i, rhag, o bosibl, agor llond tun o gynrhon. Mae'n debyg ei fod yn fyfyriwr yno yn nechrau'r chwedegau ond

yn edrych fel pe'n gyfoed â'i hen athro. Wrth ymadael, sibrydodd drwy gil ei geg, ei bod hi'n ysgol â'i disgyblaeth yn weddol lym.

Bonws y pnawn hwnnw oedd cael cyfarfod â'r Chwaer Bonaventure; un y clywais gryn dipyn amdani dros y blynyddoedd ond heb erioed daro fy llygaid arni. Yn Kells y ganwyd hithau hefyd ond rai blynyddoedd yn ddiweddarach. Roedd yna gysylltiadau agos rhwng y ddau deulu a phan gollodd ei rhieni'n blentyn aeth y Tad Bonaventure yn fath o warchodwr drosti. Daeth yno y pnawn hwnnw ar ddamwain, neu drwy drefniant dirgel o bosibl, gyda theisen afalau ar ei gyfer. Dyna'i hoff ddanteithfwyd, meddai hi, wedi llwgfa'r gaethglud. Gofynnais iddi, yn ei glyw, beth iddi hi oedd prif nodwedd

144. Ffarwelio, am y tro, 'yn wyneb haul llygad goleuni'.

y Tad Bonaventure i gael yr ateb fod ganddo synnwyr digrifwch trybeilig. Rhaid cyfaddef mai 'wicked' oedd ei hansoddair hi. Meddai Bon, yn talu'r pwyth yn ôl, 'A very nice lady told me, the other day, that I have beautiful ears'. Roedd hi'n amlwg inni'n pedwar fod yna gwlwm agos rhwng y ddau a chryn dynnu coes.

Cyn inni ymadael â'r lle y pnawn hwnnw aeth y Tad Bon â ni i'r fynwent fechan sydd yno ble mae cenedlaethau o'r mynaich wedi'u claddu. Does dim mwy i arwyddo'r beddau na chroes haearn gydag enw'r mynach arni a blynyddoedd ei einioes. A dyma finnau'n cofio'n sydyn iddo ddweud mai'r arfer oedd claddu'r meirw yn noethion, a hynny ar sail adnod o Lyfr Job, 'Noeth y deuthum o groth fy mam, a noeth y dychwelaf yno'. A dyma ofyn iddo, er mwyn i Beryl ac Ieuan gael clywed am y dull annisgwyl, ai dyma'r arfer o hyd. 'No indeed', oedd ei ateb. 'We have very posh coffins these days.' Yna'r ergyd glo, 'One is dying to get into one!'

Erbyn hyn mae fy nghannwyll i, o orfod, yn cael ei llosgi'n fwy cymedrol. Mi wn i bellach am lethrau'r Knockmealdowns a phle'n union mae Cappoquin. Enwau o'r gorffennol, hyd yn oed i Wyddelod, ydi Bobby Sands a Francis Hughes, Charles Haughey a Garret Fitzgerald – faint bynnag sy'n cofio'u henwau – ac mae bugeiliaid newydd ar yr hen fynyddoedd. Yn wleidyddol, fe ddaeth tro ar fyd a diolch am hynny. Serch sirioli'r adeiladau a llacio'r rheolau buchedd llai o fynaich sydd yn Abaty Mount Melleray; prin ugain, wir, 'lle bu gynnau gant'.

Ond mwy na'r Ethiopiad ei groen neu'r llewpard ei frychni doedd y Tad Bonaventure wedi newid fawr ddim. Wedi adnabyddiaeth hir chefais innau'r un achos i newid fy meddwl amdano yntau, o ran ei dduwioldeb na'i ddireidi. O ran arferion a chred fe erys lled cae o rychwant rhyngom. Ond cyn bo hir, os byw ac iach, mi rof dro eto am Glonmel a Cappoquin, am Abaty Mount Melleray a llethrau'r Knockmealdowns. Yno, imi, mae'r anwylaf o gredinwyr ac mae yno o hyd 'le i enaid gael llonydd'.

145. Y wên honno nas pylwyd gan naill ai hyd y blynyddoedd na chaledi'i amgylchiadau.

James

146. Dyma fo! James Lusted, arwr *Byd Mawr y Dyn Bach*, rhaglen gan Cwmni Da yn y gyfres *O'r Galon*.

D O, FE'M RHYBUDDIWYD ymlaen llaw y byddai hi'n swnllyd yno. Roedd y daflen wybodaeth yn dweud cymaint â hynny. A bod yn gwbl onest, roedd hi'n rhyfeddol o swnllyd yno ac yn annisgwyl o fywiog ar ben hynny. Pan gyrhaeddais i'r capel am hanner awr wedi deg, ar gyfer oedfa un ar ddeg, roedd y cwrdd gweddi cyn-yr-oedfa yn tynnu'i draed ato a'r band yn twymo iddi. Roedd coffi a chroeso'n llifo i gyfeiriad ymwelydd fel fi a phlant fel morgrug o gwmpas y lle – serch fod yno gartwnau ar y sgrin fawr i'w diddori nhw. Y gwahoddiad, yn ôl y daflen, oedd imi ymuno hefo nhw i ddathlu'r Ffydd a chael fy nysgu gan y Gair yn y gobaith y byddwn innau yn cael bendith o fod yn eu plith. Fe gefais i hynny, a mwy.

Un anesmwythyd bach oedd fy mod i'n amlwg wedi gorwisgo ar gyfer yr addoliad. Mewn lle o'r fath roedd fy siwt i – serch mai un o frethyn golau oedd hi – a choler a thei yn cyfarth. Roedd pawb arall, bron, mewn dillad hamdden. Hwyrach mai'r sioc fwyaf, serch hynny, ond un bleserus, oedd sylweddoli mai cynulleidfa o bobl heddiw ac yfory oedd yno gyda bagad bach iawn o rai at fy oed i.

'Ymwelydd ydach chi?' holodd merch ifanc, yn wên o groeso. Ond Saesneg oedd yr iaith.

147. Yn deulu agos ryfeddol: James gyda Dave, ei dad, ei fam Dawn, a Phil ei frawd.

'Ia.'

'Rydan ni *mor* falch o'ch gweld chi.'

'Mae yna dyrfa fawr yma', meddwn i. 'Ydi hi fel'ma yma bob bora Sul?'

'Ydi. Diolch iddo!' a dyrchafu'i dwylo i ddiolch i'r Hollalluog am drugaredd. 'Gyda llaw, ydach chi wedi cael coffi?'

'Dim diolch.'

'Ga i fod mor hyf â gofyn a oes yna bwrpas arbennig i'ch ymweliad chi?'

'Sut?'

'Fedrwn ni fod o gymorth ichi mewn unrhyw fodd?'

'Wel . . . ' Ond roedd hi'n anodd cynnal sgwrs. Doedd y band erbyn hyn yn ei morio hi a'r sain, fel y tybiwn i ar y pryd, ar ei uchaf posibl. Ond roedd uwch eto i ddod.

Hwyrach mai dyma'r fan i mi egluro mai cangen fywiog iawn o enwad Pentecostaidd o'r enw Cynulliad Duw, *Assemblies of God*, ydi'r North Coast Church yn Nhywyn ger Abergele ac mai Saesneg ydi iaith yr addoli. Mudiad gweddol ddiweddar ydi'r enwad, wedi ei eni mwy neu lai yn ystod y diwygiadau a welwyd ar ddechrau'r ugeinfed ganrif – yn arbennig yma yng Nghymru.

Nid un o'r 'blychau sgwâr, afrosgo, trwm' ydi'r capel chwaith. Ond clamp o adeilad unllawr, brics coch, yn gyfoes ei bensaernïaeth ac yn sefyll yn ei libart ei hun – wedi ei helaethu, fwy nag unwaith, ers ei agor yn y nawdegau. Fe'i cynlluniwyd i fod yn adeilad amlbwrpas a'r capel ei hun yn fwy fel neuadd, gyda chadeiriau unigol, a llwyfan yn ffocws i'r addoli yn hytrach na sêt fawr a phulpud.

Ond pwrpas f'ymweliad i yn gyntaf ac yn bennaf y bore hwnnw oedd ymuno hefo cynulleidfa wahanol mewn addoliad gwahanol ar fore Sul. Yr ail bwrpas oedd cwrdd unwaith eto â James Lusted; ei gyfarfod y tro hwn gyda'i deulu ac yn ei gynefin addoli. Rhaglen deledu yn y gyfres *O'r Galon* a ddaeth ag enw a phersonoliaeth James i sylw'r miloedd. Mae'n rhaid cyfaddef fod y pennawd a fathwyd ar gyfer y rhaglen honno yn un athrylithgar, a dweud y lleiaf, ac yn ffitio James fel maneg am law – *Byd Mawr y Dyn Bach*. Mae o yn fyrrach na'r cyffredin ond mae'n byw bywyd ehangach na'r rhan fwyaf ohonom. Yn ei gyfeiriad e-bost, heb imi ddatgelu hwnnw'n llawn, mae'n nodi ei daldra – '*threefootseven*'. Fel yr eglurwyd yn ystod y rhaglen deledu, math o gorachedd, *dwarfism*, ydi'r cyflwr ac yn un genetig. A chan i'w rieni gwrdd â'i gilydd roedd yna un siawns mewn miliwn i hyn ddigwydd. Ac fe ddigwyddodd hynny – ddwywaith. Mae ei frawd hŷn, Phil, sydd dair blynedd yn hŷn na James, yn fyrrach eto.

O wylio'r rhaglen honno, diddordeb pennaf y gwyliwr cyffredin, mae'n debyg, fyddai'r

148. Y tri yn eu 'dillad parch'. Mae'r Sul yn ddydd neilltuol i'r teulu i gyd.

hyn a oedd yn ei wneud yn wahanol. Ym myd y cyfryngau torfol yn aml iawn yr allblyg, neu'r un hefo dwy law chwith, sy'n denu sylw ac yn aros yn y cof. Ond yr hyn a'm trawodd i, wedi gwylio'r rhaglen fwy nag unwaith, oedd dyfnder ei gred. Roedd yntau, mae'n amlwg, 'o'r un brethyn' a theimlais yr hoffwn i wybod llawer mwy amdano. Felly, waeth imi ddechrau adrodd y stori o'i chwr ddim.

Doedd James ddim yno pan elwais i heibio i'w gartref yn Llandrillo-yn-Rhos un bore Mercher. 'Mae o wedi picio i nôl ei gar,' meddai'i dad. Roedd clywed ei fod yn yrrwr car fymryn yn annisgwyl. 'Ond mi fydd yma gyda hyn.'

Sais o ran gwaed ydi Dave, ei dad, wedi ei eni yn Reading, a Sais o ran ei iaith er iddo fyw yn Hen Golwyn am gyfnod gweddol faith. Damcaniaeth James, yn nes ymlaen, oedd fod ei dad – fel y mymryn ci oedd yn mynnu cyfarth ei groeso imi – yn deall mwy o Gymraeg nag oedd yn fodlon ei gyfaddef. Ond Cymraes wedi ei magu ym Mae Colwyn ydi Dawn, y fam, a Chymraeg yn aml ydi iaith yr aelwyd.

Yna, fe gyrhaeddodd James yn ei Ford Focus Estate, un a addaswyd ar ei gyfer. Dyma ei drydydd car fel yr eglurodd i mi. Ac wedi i James roi un cománd fe dawodd y ci.

Fel yr eglurodd imi yn ystod ein sgwrs cafodd ei feithrin ar aelwyd grefyddol, er nad felly roedd pethau ar y dechrau un. Yn wahanol i'w fam doedd gan ei dad, na theulu ei dad o ran hynny, unrhyw wreiddiau crefyddol. Yna, pan oedd James yn dair oed – ac mi fyddai hynny yn nechrau'r nawdegau – fe ddechreuodd y fam a'r ddau fach fynychu cangen o Gynulliad Duw yn Hen Golwyn, Bethel Christian Centre, a chael blas ar y bwrlwm addoli a ddigwyddai yno. Ond roedd y tad yn anhapus gyda'r arfer a hynny am rai blynyddoedd. Ymhen pum mlynedd neu well y daeth Dave i argyhoeddiad a dechrau dilyn esiampl ei wraig a'i blant. Roedd honno yn siŵr o fod yn awr fawr i'r teulu. Ond beth am ei frawd Phil, a oedd yn absennol yn ystod y sgwrs? Oedd o, hefyd, yn gapelwr ac yn grediniwr? Wel, roedd gan James stori ddiddorol a gwahanol iawn i'w hadrodd.

149. James, ar gais Phil ei frawd, yn gweinyddu'r bedydd trochiad yn un o erddi'r fro a'r plant yn gegrwth.

'Na, doedd Phil ddim yn Gristion, mewn gwirionedd tan 2005.' (Fel roeddwn i sylweddoli'n fuan mae gan James reddf arbennig i gofio awr a lle, yn arbennig felly cyn belled ag y mae ei siwrnai ysbrydol yn y cwestiwn.) 'Roedd o'n hoffi'r gerddoriaeth *heavy metal* 'ma. A 'nath o orffan dŵad i'r capal pan oedd o tuag un deg pedwar. Ond y noson cyn i mi fynd i gael fy medyddio 'nes i ofyn iddo fo a oedd o am ddod. A 'nath o ddeud na. Ond yna, jyst cyn i mi fynd i gysgu ddaeth o i mewn i fy llofft i a ddaeth o â *CD* hefo fo.'

'O'r math yna o gerddoriaeth?'

'Ia. Ond dydw i ddim yn cofio'n iawn pa ddarn oedd o.

Ond o'n i'n gwbod nad oedd o ddim yn ddarn da. A 'nath o'i dorri o i fyny.'

'Ddaeth o i'r bedydd, drannoeth?'

'Do. Ac erbyn hyn rydan ni i gyd fel teulu wedi cael ein bedyddio. Wedi cael ein bedyddio â dŵr, ac â'r ysbryd glân.'

Yn wahanol i un fel fi a fagwyd ar fedydd plant yn unig, mae'r enwad yn ymarfer dau fedydd. Y bedydd trochiad, yn unol â'u dehongliad nhw o'r Testament Newydd, ac sy'n symbol o faddeuant pechodau, ac yna bedydd yr ysbryd glân. Fel yr eglurodd James i mi, mae'r ail fel rheol yn dilyn y cyntaf ac yn rhyddhau doniau gwahanol. Ond beth tybed oedd ei atgofion o am ei ail fedydd?

'Dw i'n cofio hynny yn iawn. Yn 2003 y ces i fy medyddio â'r ysbryd glân, a hynny mewn gwersyll Cristnogol, "Faith Camp", yn Peterborough. Roedd yna dros fil o bobl yno ac oeddan nhw'n canu ac yn gweddïo. Yna, mi ges i'r teimlad fod yna gysgod o hedd yn dŵad drosta i a nes i ddechrau siarad â thafodau.'

'Ac mi fyddi di'n dal i neud hynny?'

'Byddaf.'

Gyda'r blynyddoedd fe glywais rai yn arfer y ddawn, a hynny ar fwy nag un achlysur, ond ychydig iawn yn eu plith oedd yn Gymry Cymraeg. Ond fe fu llefaru â thafodau ar y Pentecost, pan ddaeth yr Eglwys i fod, ac fe geir sawl cyfeiriad at y ddawn yn y Testament Newydd. Barn yr Apostol Paul, fodd bynnag, oedd ei bod hi'n ddawn a roddwyd i rai ond ei bod, serch hynny, yn un weddol ddifudd. Ond i Gynulliadau Duw, ac yn y traddodiad Pentecostaidd, mae hi'n ddawn werthfawr iawn ac fe'i harferir gyda chysondeb – a James, bellach, yn eu plith.

Yn llawer diweddarach y teimlodd Phil yr awydd am fedyddiadau. 'Oedd o isio cael ei fedyddio pan o'n i yn Awstralia ond 'nath o aros nes o'n i wedi dod adra. A fi ddaru'i fedyddio fo.'

'Yn y capal, felly.'

'Na, allan. Mewn gardd lle'r oedd yna bwll nofio mawr.'

Roedd honno yn siŵr yn noson neu'n ddiwrnod i'w gofio.

150. 'Fy nod i mewn bywyd – a dw i'n deud hyn o hyd ac o hyd – ydi caru Duw, caru bywyd a charu pobl'.

Does dim rhaid i neb fod yn hir yn eu cwmni heb synhwyro'r berthynas glòs, a chysegredig wir, sydd rhwng y meibion a'u rhieni. A phan ofynnais i James y bore hwnnw am air i ddisgrifio'r berthynas honno aeth i'r wal arno a bu rhaid iddo lithro i'r Saesneg – 'absolutely amazing'. Bu'r rhieni yn awyddus i Phil ac yntau gael yr un cyfle addysg yn union â phlant eraill, a chael hwnnw drwy gyfrwng y Gymraeg ar ben hynny.

Yn Ysgol Bod Alaw ym Mae Colwyn y dechreuodd y daith honno. Dilys Griffith oedd ei athrawes yn y Dosbarth Meithrin. Ac er bod ganddo, fel Phil o'i flaen, anghenion arbennig, mae'n cofio na fu'n 'drafferthus o gwbl' – a hynny mewn dosbarth o ddeg ar hugain. Meddai hi mewn llythyr, 'Wrth symud o ddosbarth i ddosbarth drwy'r ysgol byddai'r plant yn hynod o ofalus ohono ac yn barod i'w helpu mewn unrhyw fodd.' Ei barn hi ydi i'r plant elwa o gael cwmni'r ddau.

Ac atgofion digon tebyg oedd gan Alun Llwyd, ei brifathro am gyfnod, yn Ysgol y Creuddyn. Mae Alun yn dal i gofio amdano fel un hoffus a brwdfrydig. 'Bob amser yn ei chanol hi 'te – yn canu yn y parti bechgyn neu'r côr, neu'n actio mewn sioeau cerdd. Rywsut, doedd ei anabledd o fyth yn rhwystr iddo fo gymryd rhan lawn ym mywyd Ysgol y Creuddyn. Ac un peth arall, wna i fyth anghofio'i wên hoffus o.'

Ond bu un achos pan oedd dagrau'n nes. Yn ystod y rhaglen *Byd Mawr y Dyn Bach* soniodd James am ddig-wyddiad ac yntau ar y pryd wedi cyrraedd Blwyddyn Naw yn Ysgol y Creuddyn.

'Gath yna gyllell ei thaflu ata i. Ddaru hi hitio cefn y gadair olwyn. Ro'n i'n ddiolchgar bod yna gefn ar y gadair olwyn. Neu mi fyddai'r gyllell wedi mynd i mewn i fy nghefn i. Roedd hynna'n sioc fawr i mi. Oherwydd 'mod i'n meddwl bod fy ffrindiau i yn ffrindiau imi. Mae'n siŵr eu bod nhw'n tyfu i fyny, a 'mod i'n reit fychan, a 'mod i'n *easy target*.' Er iddo fynd adref y noson honno yn ei ddagrau, daeth dros y profiad. Penderfynodd yn y fan a'r lle y byddai'n rhaid iddo, o hynny ymlaen, godi'i lais a sefyll ar ei draed ei hun.

Ond i droi'n ôl at yr addoliad hwnnw, fore Sul, yn Nhywyn, Abergele. Roedd Dawn a Dave yno cyn imi

gyrraedd, wedi bod yn y cwrdd gweddi cynnar mae'n fwy na thebyg. Ond roedd hi'n funud olaf, braidd – os nad yn ddiweddarach na hynny – ar y Ford Focus yn landio; James wrth y llyw a Phil yn deithiwr. Wedi cyrraedd, fe sleifiodd Phil i gadair gerllaw ei rieni. O fod tu cefn iddo ni allwn lai na sylwi ar ei ymroddiad i'r addoliad. Pwysai ymlaen â'i freichiau ar gefn y gadair a oedd o'i flaen heb dynnu'i olwg am eiliad oddi ar yr hyn a ddigwyddai ar y llwyfan. Wedi iddo fy nghyfarch yn gynnes, a mynegi ei lawenydd mawr o'm gweld, aeth James i eistedd fwy i ganol yr ystafell. Wedi'r cwbl, byddai ganddo ofal am rai o'r plant yn nes ymlaen yn yr oedfa.

151. Yn actio'r 'Tisiwr' mewn pantomeim, *Eira Wen a'r Saith Corrach*, yn Theatre Royal, Bath – ac yn tisian ei orau.

Wedi gweddi gynnes ar y dechrau, ac amenau yn codi yma ac acw o blith y gynulleidfa, fe aed ati i foli Duw ar gân. A gwneud hynny yn ysbryd y salm olaf yn Llyfr y Salmau sy'n cymell: 'molwch ef â thannau a thelyn. Molwch ef â thympan a dawns, molwch ef â llinynnau a ffliwt' – ond mai tair gitâr ac organ drydan oedd hi'r bore hwnnw.

'Gadewch inni foli'r Arglwydd,' chwythodd arweinydd y band i'r meic a chyfeiliant grymus eisoes yn mwy na llenwi'r adeilad.

'Gadewch inni foli'r Arglwydd!' eiliodd un o'r gynulleidfa. 'I'w enw bo'r gogoniant,' ebe un arall, a'r gerddoriaeth yn chwyddo a chyflymu.

Dyna fel y bu hi am gryn chwarter awr, morio canu'r naill fyrdwn ar ôl y llall gan symud a siglo i rythmau alawon sionc. Ond nid emynau a genid – fel yr eglurodd James imi – ond yn hytrach 'songs'. Bellach, mae jasio'r tonau yn ddull cyfoes a phoblogaidd iawn o addoli. Cyrhaeddodd yr awel i Gymru, at y Cymry di-Gymraeg yn bennaf, ac oddi mewn i'r traddodiad Pentecostaidd yn benodol.

Ond o ran syniadaeth yr un nodyn a drewid dro ar ôl tro: moli Duw am ei drugaredd, moli yr Iesu am ei aberth a'i faddeuant.

> Happy day, happy day,
> when Jesus washed my sins away!
> He taught me how to watch and pray,
> and live rejoicing every day.
> Happy day, happy day,
> when Jesus washed my sins away!

Pan ddaeth hi'n foment i gasglu'r offrwm roedd papurau pumpunt, decpunt a rhai mwy eu swm yn landio ar y fasged a hynny o bob cyfeiriad; bu'n rhaid i minnau newid bwriad ar amrantiad, a thyrchu i'm pocedi am gyfraniad mwy teilwng cyn i'r cyfle i gyfrannu fynd heibio.

152. Sydney, Awstralia yn 2010: wedi 'mynd yno ar ei ben ei hun bach â'i fyd i gyd ar ei gefn'.

Gan ei bod hi'n Sul y Mamau, 'Cân Mair', y *Magnificat*, a ddewisodd y pregethwr ifanc fel thema i'w bregeth. (Erbyn hyn, roedd James ac eraill, a'r fflyd plant wedi ymneilltuo i gynnal ysgol Sul.) Ac o ran ei ddehongliad o'r gerdd honno, a'r neges a dynnodd ohoni, doedd yna fawr ddim y byddwn i wedi angytuno ag o – petawn i mewn ysbryd o'r fath. Yn ogystal, roedd o wedi pupro'i bregeth â hiwmor, ond heb i hynny darfu'n ormodol ar ei neges, ac fe'n cymhellodd i guro dwylo petai yna sylw wrth ein bodd. Ni chafodd ei siomi; cafodd sawl encôr.

I mi, a fagwyd mewn hinsawdd ysbrydol fwy cymedrol, ac oerach o gryn dipyn, roedd y math yma o addoliad yn agoriad llygad ac, yn wir, yn donic i'r galon – heb sôn am fod yn sioc i'r glust. Doedd yna ddim dwywaith nad oedd yna gynhesrwydd mawr yn perthyn i'r addoli a didwylledd mawr yn ogystal. Roedd yna, ar un llaw, anffurfioldeb braf – cryn dipyn o fynd a dod – ac ar y llaw arall ddwyster a difrifwch. A dyma felly'r awyrgylch a'r diwylliant crefyddol y magwyd James Lusted ynddynt ac a'i gwnaeth o'r cawr ydi o.

Wedi gadael Coleg Llandrillo bu James am ddwy flynedd yn gweithio fel cynllunydd gwefan i Heddlu Gogledd Cymru. A dyna, a bod yn llythrennol, beth oedd dyn byr mewn byd o rai tal. Byr neu beidio, yn 2010, fe aeth o bob cam i Awstralia; mynd ar ei ben ei hun bach â'i fyd i gyd ar ei gefn. Ond wedi deall, roedd o wedi bod yno flwyddyn ynghynt mewn cynhadledd a gynhelid o dan nawdd Eglwys Hillsong yn Sydney. A defnyddio term Americanaidd, honno ydi mega-eglwys yr enwad. Mae hi'n ymffrostio mewn dwy fil o addolwyr, a mwy, ar unrhyw fwrw Sul. Bu'r ymweliad yn fath o 'ffordd Damascus' i James. Agorwyd ei lygaid, cynheswyd ei galon a chafodd gyfeiriad newydd i'w fywyd. Dychwelodd i Landrillo-yn-Rhos gydag awydd mawr i gael dychwelyd yno.

'Gath y lle gymaint o effaith arna i fel 'nes i feddwl a oedd Coleg Hillsong yn opsiwn i mi. Ond mi 'nes i edrych o gwmpas am golegau Beiblaidd eraill ym Mhrydain ond doedd yna ddim byd oedd yn apelio ata i. Yna, mi es i wefan Hillsong ac oedd pob peth yn apelio ata i.' Fel Cristion uniongred mae James yn credu mewn pwrpas a threfn, mewn bwriad ac arweiniad. 'Ro'n i'n gwbod yn syth ei fod o'r peth iawn. A dyna'r dewis gorau dw i erioed wedi'i neud.'

Blwyddyn oedd hyd y cwrs gyda phwyslais ar hyfforddi bugeiliaid a gweinidogion. Roedd hynny yn cynnwys, ymhlith pethau eraill, gyrsiau ar hanes yr Eglwys a chynnwys y Beibl, hyfforddiant ar sut i bregethu a bugeilio yn ogystal â mynd allan i wneud gwaith ymarferol, gwirfoddol.

Hwyrach fod y cwrs yn rhoi mwy o bwyslais ar yr ysbrydol nag ar yr academaidd, yn fwy ar hyfforddi yn y Ffydd nag ar lwyddo mewn arholiadau. Ac yn unol â chred yr enwad roedd y dehongliad o'r Beibl yn un llythrennol. Meddai James am y flwyddyn wefreiddiol honno ym mhen draw'r byd, 'Ar ei therfyn, ro'n i'n teimlo'n agosach at Dduw ac yn gwbod mwy am y Beibl.' Eto, wedi dychwelyd i Gymru, fel yr addefodd wrthyf, aeth yn fymryn o 'nos ddu'r enaid' arno. Wedi bod ar ben y mynydd dydi hi ddim yn hawdd dygymod â byw wrth ei droed. Roedd yna gymaint o bethau yr hiraethai amdanynt: y coleg gyda'i fil o fyfyrwyr o bedwar ban byd, yr eglwys anferthol a'i myrddiwn digwyddiadau yn ogystal â'r Cristnogion ym mhen draw'r byd a fu mor helaeth eu croeso iddo.

153. Yn Aberteifi yn cyfweld Hannah Stevenson, un o'r cyfranwyr i'r gyfres *Taith Fawr y Dyn Bach*.

Fedrwch chi ddim bod yng nghwmni James yn hir cyn sylweddoli maint ei gariad at chwaraeon o bob math. Os na fydd yna sgarff coch yn dorchau rownd ei wddf mi gewch wybod mai Lerpwl yw ei dîm pêl-droed ac mai ei freuddwyd yn blentyn oedd cael bod yn 'ail Michael Owen'. Y bore hwnnw, doedd gen i ddim llai nag ofn iddo fo ofyn imi fynd allan i'r cefn i gicio pêl hefo fo. Wrth gwrs, fel Cristion mor frwd byddai James yn medru rhoi dyfnach ystyr i 'You'll never walk alone'. Soniodd wrthyf fel y bu unwaith, yn blentyn, yn chwarae i dîm yr *All Stars* yn Abergele. Bûm innau'n ddigon doeth i beidio â gofyn pwy oedd y rheini! Gyda llaw, cefnogwr Man U ydi Phil, ei frawd.

Ond o ran cymryd rhan mewn chwaraeon bu'n rhaid iddo, yn naturiol ddigon, ddewis y rhai a oedd o fewn ei 'gyraeddiadau' – a dyna, o bosibl, yr union air – a bellach badminton sy'n mynd â hi. A hynny ers dros ddeuddeng mlynedd erbyn hyn. O ganol ei fyd prysur bydd yn ceisio ymarfer y gêm honno ddwywaith mewn wythnos. A chan iddo sôn am yr ysbryd cystadleuol a berthyn iddo buom ein dau yn trafod hwnnw hefyd. Mae ei fam, meddai James, 'fymryn yn debyg' iddo ond ddim mor eithafol. Ond roeddwn innau'n cofio iddo sôn ar deledu amdano'n cystadlu yng Ngemau'r Corachod ac yn colli ei limpin yn llwyr – a cholli raced dda yr un pryd. ''Nes i hitio'r raced yn erbyn y llawr ac mi dorrodd. Fedrwn i ddim coelio fy hun. Ond dyna pa mor flin dw i'n mynd pan ydw i'n chwarae.'

154. James yn nhafarn Glyn Twrog, Llanrug, yn yn cael ei ffilmio gan Nigel Roberts yn chwarae pŵl hefo Haf Thomas – un o'r cyfranwyr i'r gyfres *Taith Fawr y Dyn Bach.*

Na, dydi Lusted ddim yn gollwr hapus. Yn fy marn i, diolch am hynny. Y brwdfrydedd a'r egni i ennill, a chario'r dydd, ydi un o'r rhesymau iddo lwyddo i gadw'i ben uwchlaw'r dŵr mewn bywyd yn gyffredinol – a disgleirio. Ychwanegodd ar yr un rhaglen: 'Er 'mod i fel rydw i, dw i wedi tyfu i fyny i gael siot ar bob dim. Fel yna dw i'n byw fy mywyd i. Mi wna i gael *go* ar bob peth. Os ydw i'n medru'i neud o, ia. Os na, dydi o ddim yn ddiwedd y byd.'

A sôn am ddisgleirio, ei ymffrost gostyngedig ydi iddo, fel aelod o Gymdeithas Chwaraeon y Corachod, Adran Iau, ennill Personoliaeth Chwaraeon y Flwyddyn deirgwaith yn olynol. Yna, mi fydd yn ychwanegu, â'i dafod yn ei foch, mai dim ond dwywaith yn unig yr enillodd y Fonesig Tanni Grey-Thompson yr anrhydedd. Ond bydd yn prysuro i ychwanegu, yn wahanol i Tanni, na lwyddodd hyd yn hyn i ennill medal yn y Paralympics – er iddo

155. O'r un gyfres, James yn holi Lea Jones, o Gaernarfon, am gyflwr ei brawd, Daniel.

fynychu'r gemau. Yn ddigon naturiol, hwyrach, i James mae Tanni Grey-Thompson yn ysbrydiaeth ac yn batrwm.

Un awr fawr i James, ymhlith nifer fawr o oriau felly erbyn hyn, oedd cael cario'r fflam adeg Gemau Olympaidd 2012 a chael gwneud hynny yn ei gynefin yn Llandrillo-yn-Rhos ddiwedd Mai; y strydoedd yn orlawn o gefnogwyr, y banllefau'n codi, y teulu'n ymfalchïo a chymaint yn cydlawenhau ag o. Roedd y papurau lleol yn cario'r stori, a rhai cenedlaethol hefyd. Ar y dechrau, roedd o'n 'methu â choelio bod nhw wedi gofyn i mi'. Ond fel y nodwyd, mewn mwy nag un papur newydd, un gwrddodd o yn ystod y Gemau Paralympaidd yn Beijing yn 2008, Russell Swannack, a'i henwebodd. Roedd asbri James a'i gyfraniad i chwaraeon ar gyfer yr anabl wedi ei gyffwrdd gymaint.

Ond fel ar bob achlysur, fel Cristion ifanc brwd roedd James am roi dimensiwn uwch i'r cyfan i gyd. Meddai, wrth sgwrsio hefo mi am y profiad, 'Ar y dydd ro'n i i gario'r fflam ro'n i jyst yn gweddïo am i'r fflam fod yn fflam i Dduw hefyd. A 'nes i ffeindio allan wedyn fod y ferch y bu imi basio'r fflam iddi hi, ei bod hithau'n Gristion hefyd.' I James, dyna'r eisin ar y deisen. Neu, yn unol â'i weledigaeth o, dyna ewyllys Duw ar ei gyfer a chyfle arall a gwahanol i ddanfon fflam y Ffydd ar ei thaith. Mae o'n sylweddoli fod y Testament Newydd yn llawn delweddau o fyd chwaraeon: rhedeg, paffio, ennill y dorch a bocsio. Ond, yn anffodus, dim un cyfeiriad at fadminton.

Meddai James wrth ohebydd y *Daily Post* wedi i'r Paralympics ddod i ben, 'Fe agorwyd llygaid, fe agorwyd calonnau ac fe agorwyd drysau.' A'i obaith oedd y byddai'r pythefnos llwyddiannus hwnnw yn newid yn derfynol agwedd pobl at yr anabl; yr hyn, meddai, na lwyddodd elusennau i'w gyflawni dros ganrifoedd.

Ar gyfer Nadolig 2011 derbyniodd James ei wahoddiad cyntaf i actio mewn pantomeim. Roedd yna fwriad i berfformio *Eira Wen a'r Saith Corrach* ym Mhafiliwn y Rhyl a chafodd yntau gyfle i fod yn un o'r saith – 'Tisiwr'. Mae'n debyg iddo neidio at y cyfle. Yn ôl James, bu'r teulu yn mynychu'r theatr honno dros y blynyddoedd ac yntau'n breuddwydio'n flynyddol y deuai cyfle iddo yntau, un dydd, i gerdded y llwyfan hwnnw. Ac fe ddaeth, ddwywaith erbyn hyn. Pan oeddwn i ar ei drywydd ddechrau 2013 roedd o erbyn hynny yn perfformio i lawr yn Bath mewn

156. 'Mae James yn gyflwynydd naturiol, yn meddu ar aeddfedrwydd tu hwnt i'w flynyddoedd, ac mae ganddo'r gallu i uniaethu gyda phobol o bob math.' – Beca Brown, cynhyrchydd y gyfres.

pantomeim arall. Hyd y gwela i, mae o'n berfformiwr wrth reddf ac wrth dalent.

Wrth sgwrsio gydag o am ei brofiadau yn y theatr, dyma awgrymu y byddai'r grŵp actorion yn un cymysg iawn. A chyda'i argyhoeddiadau Beibl-ganolog pa mor anodd oedd cyd-fyw, ddydd ar ôl dydd, ac am wythnosau bwy'i gilydd? Ond doedd hynny ddim i'w weld yn ei boeni'n ormodol.

'Na, doedd yna ddim Cristnogion yn eu plith nhw. Ac mae hynny yn beth anodd i mi weithiau. Roeddan nhw yn hoffi gneud pethau, ambell dro, nad oeddwn i ddim isio'u gneud. Pethau nad ydw i ddim yn credu ynddyn nhw.'

A phan es i ati i'w holi ymhellach pa bethau a fyddai'n groes i'r graen iddo, 'crisial ddewiniaeth' oedd yr ateb. Hynny ydi, math o ddweud ffortiwn. Digon tebyg, hwyrach, i'r bwrdd *ouija* a fu'n difyrru a brawychu sawl cenhedlaeth o fyfyrwyr.

'Ond mae gynnon ni i gyd ffrindiau, does, sydd ddim yn Gristnogion ac mi fedrwn ni i gyd helpu'n gilydd.' Ac mae James bob amser yn rasol.

Dyna pryd, mae'n debyg, yr aeth y ddau ohonom ati i drafod ffydd a chred mewn mwy o ddyfnder. Wedi'r cwbl, nid crefydd licris olsorts ydi un James Lusted – mwy nag un gweddill y teulu o ran hynny. A dyma fo'n tynnu ei gadair yn nes at fraich yr un roeddwn i yn eistedd arni i ni gael trafod yn ddwysach. (Gyda llaw, mae gan Phil ac yntau gadeiriau a byrddau sy'n is, ac yn hwylusach.) Yn un peth mae James yn credu mewn creadaeth. Hynny ydi, fod Duw wedi creu dyn a'i fydysawd, a phawb a phopeth a berthyn iddo. Ac wedi creu James yn James. Mae o'n pwysleisio hynny drachefn a thrachefn. 'Fel hyn mae o wedi fy nghreu i ac mae o wedi fy nghreu i bwrpas.' Dwy ymhlith nifer fawr o'i hoff 'ganeuon' mewn oedfa o addoliad ydi 'I've been created in his image' a 'Marvellous are your works'.

Ond, o'r herwydd, mae yna syniadau a gweithredoedd sy'n wrthodedig ganddo. Fedrwch chi ddim cael gwyn, mae'n debyg, heb gael y du yn ogystal. Er enghraifft, mae Cynulliadau Duw yn bendant eu gwrthwynebiad i berthynas a phriodas dau o'r un rhyw.

'Mae Duw wedi'i fy nghreu i fel ag yr ydw i. Ond mae o wedi'n creu ni, hefyd, yn fechgyn a merched. Ond dydan ni ddim yn eu gwrthwynebu nhw, dim ond yn gwrthwynebu be maen nhw yn ei neud. Mae gen i ffrindiau fel'na, a dw i yn eu caru nhw.'

Ond tu ôl i'w wên barod bu misoedd o arteithiau a mynd i mewn ac allan o ysbytai gyda chysondeb. Yn dair cafodd driniaeth enbyd a pheryglus i'w gefn a'i wddf ac yn naw oed driniaeth arall, un 'eithriadol boenus', i sythu ei goesau. Oherwydd eu cyflwr, ganwyd Phil ac yntau, â thraed clwb – traed yn troi at i mewn – a bu'n ofynnol cael triniaeth hir i'w sythu nhw. Un diwrnod clywodd James, ac eraill yn ei ymyl, un o'i esgyrn yn 'snapio' wrth i'r asgwrn hwnnw gael ei orfodi i droi at allan. 'Roedd o'n gyfnod hefo lot o boen'.

A dyna'r pryd i mi ofyn i James beth sy'n ei gynnal. A chan ŵr ifanc pump ar hugain oed, mewn o oes o anghrediniaeth hyderus, roedd yr atebion yn rhai rhyfeddol.

'Dw i'n darllen y Gair yn gyson.'

'Ar dy ben dy hun?'

'Weithiau ar fy mhen fy hun ac weithiau fel teulu.'

'Ac mi wn i dy fod ti'n credu'r Beibl yn llythrennol. Er enghraifft, fod Duw wedi creu'r byd mewn saith diwrnod?'

'Ydw.'

'A be am weddïo, wedyn? Oes gin ti oriau penodol bob dydd?

'Dw'n gweddïo drwy'r amser, gweddïo ble bynnag y bydda i, felly. Mae cael amser hefo Duw yn ystod y dydd yn bwysig iawn i mi.'

'A dy nod ti mewn bywyd. Be ydi hwnnw?'

'Fy nod i mewn bywyd – a dw i'n deud hyn o hyd ac o hyd – ydi caru Duw, caru bywyd a charu pobl. Ac mae o'n gweithio mor dda. Achos wrth imi garu Duw, caru bywyd a charu pobl mae o'n fy arwain i garu pob peth.'

Ar y pryd, roedd James yn paratoi i ffilmio cyfres o chwe rhaglen ar gyfer S4C. Y tro yma nid yn cael ei holi ond yn cyflwyno ac yn holi eraill. Y bwriad oedd ei gael i deithio Cymru i gwrdd â phobol eraill gydag anableddau gwahanol iddo ac i weld sut maen nhw a'u teuluoedd yn byw eu bywydau. Wrth ffilmio mae o'n cael gwneud dau beth y bu bob amser yn awyddus i'w cyflawni: rhoi llais i bobol sydd ddim yn cael eu clywed yn ddigon aml, a herio rhai o'r rhagfarnau am anabledd. Daeth y rhaglenni hynny i'r sgrin yn ystod Mehefin a Gorffennaf 2013 a mawr fu'r canmol. Barn Huw Tegid, Golygydd *Cristion* oedd, 'Dangosodd y gyfres hon o raglenni teledu i ni unwaith eto bod angen i ni edrych y tu hwnt i unrhyw anabledd neu wahaniaethau i weld fod pob unigolyn ar y ddaear hon yn aelodau gwerthfawr o'n cymdeithas'. Meddai Beca Brown, cynhyrchydd y

158. 'Ac i ble y bydd y freuddwyd yn dy arwain di?' Sgwn i?

gyfres, 'Mae James yn gyflwynydd naturiol, yn meddu ar aeddfedrwydd tu hwnt i'w flynyddoedd, ac mae ganddo'r gallu i uniaethu gyda phobol o bob math. A does ganddo fo ddim ofn holi'r cwestiynau anodd chwaith.'

Ond wedi 'têc' olaf y gyfres, ac wedi i'r golygu a'r trosleisio ddod i ben, mae James yn gobeithio y bydd cyfleoedd pellach iddo ym myd y teledu a'r theatr.

'Ond, hefyd, dw i'n gobeithio dal i fynd i mewn i ysgolion.'

'Mi wn iti fod yn dy hen ysgol, Ysgol y Creuddyn.'

'Do. A ro'n i mor ddiolchgar o gael y cyfle'r bore hwnnw.'

'A be oedd dy neges di?'

''Nes i ddeud wrthyn nhw am iddyn nhw godi o'u gwlâu

y bore, rhoi gwên ar eu hwynebau a byw eu bywydau. A dw i'n gobeithio dal i bregethu.'

'Pregethu?'

'Ia. Codi hyder pobl iddyn nhw gael deall, os ydyn nhw yn wahanol, fod ganddyn nhw eu cyfle fel pawb arall. Rydan ni yn y byd yma am un waith ac felly rhaid inni fyw'r freuddwyd.'

'Ac i ble y bydd y freuddwyd yn dy arwain di?'

'Dydw i ddim yn meddwl y bydda i, yn ystod y pump i'r deng mlynedd nesa 'ma, yn aros yn lleol.'

Ac felly y daeth y sgwrs i ben, hefo drws a oedd yn dal yn gilagored.

Wrth ymweld â'r eglwys yn Nhywyn, Abergele, y bore Sul bendithiol a byddarol hwnnw fe sylweddolais – yn fwy nag erioed o'r blaen – fod Cynulliadau Duw, a James fel un ohonynt, yn credu yn y 'gwynt sy'n chwythu lle y mynno'. Meddai James, yn gadarn iawn, yn rhifyn Gorffennaf/Awst 2013 o *Cristion*, 'Mi wn fod Duw y tu ôl i mi yn yr holl sefyllfaoedd ac amgylchiadau rwy'n eu hwynebu o ddydd i ddydd, ac yn ddiolchgar am y cyfle i fyw a gweithio ar ei ran yn ei fyd'. Agor gwefan James *threefootseven* bob hyn a hyn fydd raid inni i gael gweld i ba gyfeiriad y bydd y gwynt hwnnw yn ei yrru o. A siwrnai dda iddo, ac i bawb arall a gyfarfyddais i ar fy nheithiau.